Dr. John Coleman

DER KLUB VON ROM
DIE DENKFABRIK DER NEUEN WELTORDNUNG

OMNIAVERITAS®

John Coleman

John Coleman ist ein britischer Autor und ehemaliges Mitglied des Secret Intelligence Service. Coleman hat verschiedene Analysen über den Club of Rome, die Giorgio-Cini-Stiftung, Forbes Global 2000, das Interreligiöse Friedenskolloquium, das Tavistock-Institut, den Schwarzen Adel und andere Organisationen mit Themen der Neuen Weltordnung verfasst.

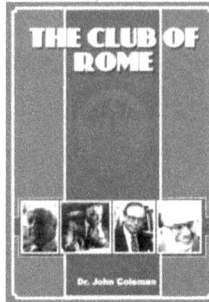

DER KLUB VON ROM
Die Denkfabrik der Neuen Weltordnung

The Club of Rome
The think tank of the New World Order

Übersetzt und veröffentlicht von Omnia Veritas Limited

© Omnia Veritas Ltd - 2024

ⓞMNIA VERITAS.
www.omnia-veritas.com

Der Club of Rome (COR) ist die wichtigste "Denkfabrik" für die Neue Weltordnung, die in Amerika unbekannt war, bis sie 1969 zum ersten Mal von Dr. Coleman aufgedeckt und 1970 unter demselben Titel veröffentlicht wurde. Es wurde im Auftrag des Komitees der 300 gegründet und seine Existenz wurde bis zu den Feierlichkeiten zum silbernen Jahrestag seiner Gründung in Rom 25 Jahre später geleugnet. Das COR spielt bei allen internen und externen Planungen der US-Regierung eine wichtige Rolle. Er hat nichts mit Rom, Italien oder der katholischen Kirche zu tun.

KAPITEL 1

ANKLÄNGE AN DIE FRANZÖSISCHE REVOLUTION

Um das Weltgeschehen zu verstehen, müssen wir uns bewusst machen, dass die vielen tragischen und explosiven Ereignisse des 20. Jahrhunderts nicht einfach so passiert sind, sondern dass sie nach einem gut ausgearbeiteten Plan geplant wurden. Wer waren die Planer und Schöpfer der bedeutenden Ereignisse?

Die Urheber dieser oft gewalttätigen und revolutionären Ereignisse gehören größtenteils zu Geheimgesellschaften, die unsere Welt bevölkern, so wie sie es schon immer getan haben. Meistens basieren diese Geheimgesellschaften auf dem Okkultismus und okkulten Praktiken, aber wie bei allen Geheimgesellschaften, die geheime Regierungen bilden, werden sie vom Komitee der 300[1] kontrolliert. Die schlecht informierten Personen, die glauben, dass Teufelsanbetung, Dämonen und Hexerei aus der modernen Gesellschaft verschwunden sind, sind falsch informiert. Heute florieren okkulte Geheimgesellschaften ebenso wie Luziferianismus, Schwarze Magie und Voodoo und scheinen viel weiter verbreitet zu sein als ursprünglich angenommen.

Es ist die Duldung dieser Geheimgesellschaften in unserer Mitte, von denen sich viele als Christen ausgeben, zusammen mit

---

[1] Vgl. *Die Hierarchie der Verschwörer - Geschichte des Komitees der 300*, Omnia Veritas Ltd, www.omnia-veritas.com.

unserer zulässigen Haltung gegenüber diesen Organisationen und ihren Führern, die die Ursache für unsere nationalen und internationalen Probleme sind. Alle Unruhen, Revolutionen und Kriege lassen sich unweigerlich auf die eine oder andere oder eine Kombination von mehreren Geheimgesellschaften zurückführen. Die Geheimhaltung deutet auf ein Problem hin, denn wenn die Geheimgesellschaften zum Wohle des Einzelnen und des Staates arbeiteten, warum dann die Notwendigkeit einer so tiefgreifenden Geheimhaltung, in die sie sich selbst, ihre Organisationen und ihre Taten hüllen? Ich erinnere daran, dass die Voodoo-Praxis, die Schwarzafrika zugeschrieben wird, in Wirklichkeit von Jethro, dem Äthiopier, ausgeht. Wie Voodoo sind auch die meisten okkulten Praktiken und die dazugehörigen Geheimgesellschaften antichristlich, und sie entschuldigen sich nicht dafür, auch wenn einige in der Freimaurerei versuchen, ihre antichristlichen Lehren zu verschleiern oder zu verbergen.

Die Freimaurer sind sich jedoch bewusst, dass Christus weit mehr war als ein religiöser Führer. Die Freimaurer glauben, dass Christus kam, um das Antlitz der Welt zu verändern, und dass er sich gegen die Geheimgesellschaften wandte. Das ist der Grund, warum so viele Geheimgesellschaften ihre Anhänger gegen das Christentum aufbringen. Von dem Moment an, als Christus seinen Dienst antrat, entstand der Gnostizismus in Opposition zu den vollkommenen Idealen des Christentums. Christus hat die Welt gewarnt, dass wir nicht gegen Fleisch und Blut kämpfen, sondern gegen die Mächte der Finsternis und die geistliche Bosheit in der Höhe. Das bedeutet, dass unser Kampf gegen den Kommunismus, den Marxismus, den Sozialismus, den Liberalismus und die Eine-Welt-Regierung im Grunde ein geistlicher ist. Zeigen Sie mir einen Geheimbund, und ich werde Ihnen eine Christus hassende okkulte Theokratie zeigen. Christus sagte: **"Erkenne die Wahrheit und die Wahrheit wird dich frei machen."**

Beachten Sie, dass Christus das Wort "sollen" verwendet, das viel stärker ist als "werden". Christus sprach über die Menschen, die den Geheimgesellschaften hörig sind - wie sie es heute sind -, die gewöhnlichen Menschen, die von den Führern der okkulten Theokratien verachtet werden, die keine andere Verwendung für sie haben als als Diener und Sklaven.

Diese Führer halten es für völlig normal, Millionen von Menschen zu töten, die sie als "überflüssig für ihre Bedürfnisse" ansehen. Diese böse "Tötungs"-Philosophie hat sich durch Männer wie Richard Cheney, Donald Rumsfeld, Richard Perle und Paul Wolfowitz in das US-Militär eingeschlichen. Es ist ein völlig fremdes Konzept, das nicht in eine republikanische Regierungsform gehört. Die Führer der bösen Geheimgesellschaften bedrohen unsere gesamte Zivilisation. Einige der geheimen Kulte, die heute in unseren Angelegenheiten sehr aktiv sind, sind der Gnostizismus, der Kult des Dionysos und das Thema dieser Arbeit, der Kult des Club of Rome. Aber ich muss zum Ausgangspunkt dieser Arbeit zurückkehren, der in der modernen Geschichte unter der Überschrift "Die Französische Revolution" zu finden ist.

In den modernen Geschichtsbüchern wird nicht gelehrt, dass die so genannte Französische Revolution ihre Wurzeln in England hatte, wo ein Dämonist, William Petty, der Earl of Shelburne, die Ökonomen Malthus und Adam Smith von der British East India Company (BEIC) sowie die Massenmörder Danton und Marat ausbildete. Nach ihrem Aufenthalt bei Shelburne in England wurden Danton und Marat nach Paris gebracht, wo sie in einer Orgie der Blutrünstigkeit auf ein ahnungsloses und wehrloses französisches Volk und die Monarchie losgelassen wurden. Jahre später sollte Lord Alfred Milner Lenin in einer fast identischen Aktion wie die Französische Revolution auf das ahnungslose christliche Russland loslassen.

Die treibende Kraft hinter der Französischen Revolution war ein Geheimbund namens Illuminati, der von der Londoner Freimaurerloge Qator Coronati und der Pariser Freimaurerloge Neun Schwestern (Orient) inszeniert wurde. Eine kurze Geschichte der Illuminaten ist unerlässlich, um zu verstehen, wie es zur Gründung des Club of Rome kam. Über die Ursprünge der

Illuminaten herrscht Uneinigkeit, aber es besteht auch weitgehende Übereinstimmung darüber, dass die Illuminaten aus den Rosenkreuzern hervorgegangen sind, den so genannten Meisterhaltern zahlreicher Geheimnisse wie dem Stein der Weisen, den die Rosenkreuzer angeblich von den alten Chaldäern, den Weisen und der ägyptischen Priesterschaft erhalten haben.

Die Rosenkreuzer behaupten, dass sie das menschliche Leben durch die Verwendung bestimmter Nostrums schützen können und dass sie auch in der Lage sind, die Jugend wiederherzustellen. Sie sind auch unter dem Titel "die Unsterblichen" bekannt und lehren, dass ihnen alle Geheimnisse offenbart worden sind. Früher waren sie als "Unsichtbare Brüder" und später als "Die Rosenkreuzer" bekannt. Ein Zweig der Rosenkreuzer nennt sich "Der Ritus von Swedenborg" oder die "Illuminaten von Stockholm", der 1881 von Emmanuel Swedenborg, einem Freimaurermeister, gegründet wurde, dessen Unterschrift sich noch immer auf der Mitgliederliste der Loge von Lund, Schweden, befindet, wo Swedenborg geboren wurde. Der Ritus von Swedenborg ist lediglich eine Abwandlung des Ordens der Illuminaten von Abingdon, der 1783 gegründet wurde. Damals wie heute war es die Crème de la Crème des Königshauses, des Adels und der High Society, die diesen Geheimorden anführte. Der eigentliche Illuminatenorden wurde jedoch am 1. Mai 1776 in Bayern von einem Adam Weishaupt, Professor für Kirchenrecht an der Universität Ingolstadt, gegründet.

Weishaupt war ein Produkt jesuitischer Erziehung, und die Illuminaten haben große Ähnlichkeit mit dem Orden vom Goldenen Kreuz. Auch hier ist der Illuminismus eindeutig mit der Freimaurerei, dem Orden der Rosenkreuzer, den Templern - oder dem Orden der französischen Freimaurergrade - verbunden. Hinter all diesen Orden stand Moses Mendelsohn, ein Schüler der Kabbala, mit dem erklärten Ziel, eine Eine-Welt-Regierung - eine Neue Weltordnung - zu errichten. Das Hauptgeschäft der Illuminaten war und ist der Krieg gegen das Christentum, den sie durch schändliche Anschuldigungen gegen das Leben und die Lehren Christi führen. Politisch gesehen arbeitet der Illuminismus darauf hin, die bestehende Ordnung aller Regierungen zu stürzen, insbesondere derjenigen, die die christliche Religion praktizieren. Ihre Mitglieder sind zu blindem Gehorsam gegenüber ihren Vorgesetzten und deren geheimen, revolutionären Plänen zur Verwirklichung der Neuen Weltordnung verpflichtet, die erstmals mit der Französischen Revolution in Kraft trat.

Die Pläne der Illuminaten, die christliche Monarchie Frankreichs zu zerstören, wurden aufgedeckt, als ein Illuminaten-Bote namens Jacob Lang durch einen Blitzschlag getötet wurde, als er auf seinem Pferd ritt, um den bayerischen Logen revolutionäre Anweisungen zu überbringen. In der Folge fielen Langs Papiere in die Hände der bayerischen Behörden, und später wurde auch eine eiserne Kiste mit Papieren entdeckt, die Einzelheiten über das kommende Komplott gegen Frankreich enthielten. Der Illuminismus wurde durch den Marquis de Mirabeau in Frankreich eingeführt und dann vom Duc de Orleans, dem Großmeister der orientalischen Freimaurerei in Frankreich, übernommen. Übrigens wurde beschlossen, Talleyrand, eine der bedeutendsten Persönlichkeiten seiner Zeit, in den Illuminismus aufzunehmen. Eine der abscheulichen Handlungen, die von den Anhängern des Illuminatenordens durchgeführt werden, ist die Kastration. Janos Kadar, der ehemalige Diktator von Ungarn, gab öffentlich bekannt, dass er diesen Ritus an sich durchführen ließ.

KAPITEL 2

CROWLEY, HECHT UND MAZZINI

Weder die Freimaurerei noch der Illuminismus sind ausgestorben. In Geheimdienstkreisen gibt es Leute, die glauben, dass beide heute stärker sind als zur Zeit der Französischen Revolution.

Der Tod der Weltführer der Illuministen/Freimaurer, Giuseppe Mazzini und Albert Pike, bedeutete keine Veränderung im Wachstum und in der Ausrichtung der beiden Organisationen.

Zweifellos wird es einige geben, die sich durch meine Hinweise auf die Freimaurerei beleidigt fühlen. Ich möchte die Freimaurer nicht beleidigen. Ich versuche lediglich, einen wahren Bericht darüber zu geben, wie und warum bestimmte Ereignisse in der Welt stattfinden.

Die amerikanischen Freimaurer behaupten fälschlicherweise, dass sich ihre Freimaurerei von der europäischen Freimaurerei unterscheidet. Lassen Sie mich diesen Irrtum korrigieren: Die rosenkreuzerischen Kabbalisten Leon Templer und Jacob Leon haben gemeinsam die englische Großloge der Freimaurerei und ihr Emblem entworfen.

Dies ist eine eindeutige Verbindung zwischen der angelsächsischen Freimaurerei und der okkulten europäischen Freimaurerei des Großen Orients. Ich sage "okkult", weil der große deutsche General Ludendorff sie so nannte. Die Verbindung zwischen der europäischen Rosenkreuzer-Freimaurerei und der amerikanischen Freimaurerei war immer eng und ist es bis heute.

Die drei wichtigsten freimaurerischen Riten sind:

> ➤ Der Schottische Ritus der Freimaurerei, der 33 Grade hat.

> ➤ Der Ritus von Mizraim, oder ägyptischer Ritus, mit 96 Graden.

> ➤ Der Orientalische Ritus, der im Wesentlichen von der europäischen Freimaurerei befolgt wird.

John Harker, der Autor von *Grand Mystic Temple,* äußerte sich wie folgt:

> *So haben wir Engländer uns mit dem schottischen Ritus verbunden, mit dem Mizraem verbündet und jetzt mit Memphis. Im Falle des schottischen Ritus haben wir Beziehungen zu verschiedenen Obersten Großräten aufgenommen und die Statuten von 1862 anstelle der gefälschten Konstitution von 1786 revidiert, im Jahre 1884 im Mizraem mit den alten Körperschaften von Neapel und Paris und in Memphis mit Amerika, Ägypten, Rumänien und verschiedenen Körperschaften, die in diesem Ritus arbeiten. Auch in diesen drei Riten haben wir ausländische Chartas angenommen, um unsere ursprünglichen Befugnisse zu bestätigen.*

Damit soll der von amerikanischen Freimaurern oft zitierte Irrglaube ausgeräumt werden, die angelsächsische Freimaurerei habe nichts mit der europäischen zu tun. Harker hätte es eigentlich wissen müssen, denn er war der Grand Mystic.

Am 11. November 1912 wurde Harker zum Großimperialen Meister gewählt, einem höheren Grad als dem 96 Grad des Ritus von Mizraïm. Nach seinem Tod im Jahr 1913 wurde Harker zunächst von Henry Mayer und dann von Alistair Crowley, 33 , 90 und 96 Grades Patriot Grand Master, abgelöst. Damit ist klar, dass die amerikanischen Freimaurer ein fester Bestandteil der europäischen Freimaurerei sind, ob sie es nun wissen oder nicht, und die Wahrheit ist, dass die meisten es nicht wissen. Crowley war eine der abscheulichsten Gestalten in der Geschichte der Geheimgesellschaften; ein Mann, der die Politik des Club of Rome (COR.) stark beeinflussen sollte.

Crowley zitierte gerne Malthus und Adam Smith, Diener der British East India Company (BEIC), die heute als Ausschuss der 300 bekannt ist. Beide Männer spielten eine führende Rolle bei der konzertierten Aktion von König Georg III. zum Ruin der amerikanischen Kolonisten durch die Einbahnstraße des "Freihandels".

Malthus und Smith wurden zu "Lieblingssöhnen" des AdR. Es ist sehr leicht, die Verbindung zwischen den Plänen des BEIC und der gegenwärtigen Politik des COR zu erkennen, insbesondere in der COR-Politik des "postindustriellen Nullwachstums", die der industriellen Dominanz der Vereinigten Staaten ein Ende setzen soll. Die grundlegende Religion des Club of Rome ist der Gnostizismus und der Kult der Bogomilen und Katharer. Die Mitglieder der britischen Monarchie glauben fest an diese "Religionen", und im Großen und Ganzen kann man mit Sicherheit sagen, dass die Mitglieder der königlichen Familie keine Christen sind. Es ist auch recht einfach, die Verbindung zum **"Komitee der 300"** zu erkennen.

Crowley soll an mehr als 150 rituellen Morden beteiligt gewesen sein, einem wichtigen Bestandteil der okkulten Dämonologie. Die meisten Opfer waren Kinder, die mit einem Silbermesser erschlagen wurden. Diese Bestialitäten werden bis heute fortgesetzt, was die große Zahl der vermissten Kinder erklären könnte, die nie gefunden werden. Crowley wird von der COR-Hierarchie immer noch sehr bewundert, ebenso wie von mehreren führenden britischen Persönlichkeiten im Fall der Atomspione. Anthony Blunt, der Hüter der Kunst der Königin (ein sehr hoher Titel), bevor er als KGB-Agent entlarvt wurde, war ein großer Verehrer Crowleys. Unterm Strich ist die Freimaurerei ab dem Grad der *Knights of Kadosh* eine fortwährende Revolte gegen die bestehende Ordnung der Dinge und dem Umsturz des Christentums und der Republik der Vereinigten Staaten von Amerika gewidmet - so wie es auch der COR ist. Solange die Freimaurerei in unserer Mitte floriert, solange werden Chaos und Unruhen anhalten, denn das ist die Absicht und der Zweck aller revolutionären Geheimgesellschaften. Der moderne Club of Rome ist nur eine kontinuierliche, ununterbrochene Folge von Geheimgesellschaften, die die Zerstörung von Freiheit und Unabhängigkeit zum Ziel haben, was in der Periode geschah, die wir heute als das dunkle Mittelalter kennen. Daher kann man mit Sicherheit davon ausgehen, dass der COR ein Projekt der Neuen Weltordnung - einer Weltregierung - ist, das einen schnelleren Übergang zur universellen Sklaverei, bekannt als das Neue Dunkle Zeitalter, unter der Kontrolle des **Komitees der 300** ermöglichen soll.

KAPITEL 3

WAS IST DER CLUB OF ROME?

Schon der Name wurde gewählt, um die Unvorsichtigen zu täuschen, denn der Club of Rome hat nichts mit dem Vatikan oder der katholischen Kirche zu tun. Während die Übeltäter Tag und Nacht arbeiten, schlummert das christliche Amerika weiter. Als ich 1970 die erste Auflage dieses Werkes schrieb, wussten nur eine Handvoll Leute im Geheimdienst von der Existenz dieses mächtigsten Geheimbundes in den Händen des Komitees der 300.

Der Club of Rome besteht aus den ältesten Mitgliedern des so genannten Schwarzen Adels von Europa, Nachkommen der alten Familien, die Genua und Venedig im 12. Jahrhundert besaßen, kontrollierten und regierten. Sie werden "Schwarzer Adel" genannt, weil sie schmutzige Tricks, Mord, Terrorismus, unmoralisches Verhalten und die Anbetung Satans - "schwarze" Taten - anwenden. Sie zögerten nie, Gewalt gegen jeden anzuwenden, der es wagte, sich ihnen in den Weg zu stellen, und das ist heute nicht weniger der Fall als im 13 bis 18 Jahrhundert.

Der schwarze venezianische Adel ist eng mit dem so genannten German Marshall Fund verbündet, ein weiterer Name, der - wie der Club of Rome - gewählt wurde, um Unvorsichtige zu täuschen. Der venezianische schwarze Adel besteht aus den reichsten und ältesten aller europäischen Familien, deren Reichtum beispielsweise den der Rockefellers bei weitem übertrifft, und sie sind Teil des Komitees der 300, dem mächtigsten Kontrollorgan der Welt. Eine der ältesten Dynastien des venezianischen Schwarzen Adels ist die Dynastie der

Guelfen. Königin Elisabeth II. ist beispielsweise eine Schwarze Welfe - ihre Urgroßmutter Victoria entstammte dieser Familie. Der Schwarze Adel und die europäischen Königshäuser sind prominente Mitglieder des COR, dessen Ziel die Auflösung der Vereinigten Staaten als Industrie- und Agrarmacht ist. Seine anderen Ziele sind nicht so leicht zu erkennen und von komplexerer Natur, so dass ich mit den Einzelheiten der Sonderkonferenz des COR beginnen und detailliert beschreiben werde, was gesagt wurde und wer es gesagt hat.

Wie um ihre völlige Verachtung für den Wahlsieg von Ronald Reagan bei den Wahlen im November 1980 zu zeigen, beschloss die Gruppe, sich in Washington, D.C. zu treffen. Laut dem von einem Geheimdienstoffizier heimlich aufgezeichneten Protokoll des Treffens ging es um die Frage, wie man das industrielle Herz der Vereinigten Staaten am besten zerstückeln und das, was ein Delegierter als "die überflüssige Bevölkerung" bezeichnete, loswerden könnte. Dies entsprach den Plänen von Sir Bertrand Russell, die er in seinem Buch *The Impact of Science on Society* offen dargelegt *hatte*. Andere Diskussionen befassten sich mit den Methoden, die eingesetzt werden sollten, um die Kontrolle über die inneren Angelegenheiten der Vereinigten Staaten zu erlangen. Da mehrere der Delegierten aus den alten Familien des Schwarzen Adels stammten oder jahrelang für sie gearbeitet hatten, stellten die diskutierten schmutzigen Tricks, Aufwiegelungen und Terrortaktiken eine direkte Herausforderung für die Regierung und das Volk der Vereinigten Staaten dar.

Das Problem war nur, dass die amerikanische Bevölkerung nichts von diesem Treffen der gefährlichen Satrapen des Schwarzen Adels wusste und die Schakale der Medien nicht im Begriff waren, sie über Sinn und Zweck des Konklaves aufzuklären. Es war eines der bestgehüteten Geheimnisse aller Zeiten. Die Konferenz wurde vom German Marshall Fund initiiert und finanziert, der aus dem inneren Kern der Morgenthau-Planungsgruppe des Zweiten Weltkriegs besteht, die ihrerseits von drei oder vier Mitgliedern des ehrwürdigen Ordens des

Heiligen Johannes von Jerusalem kontrolliert wird.

Von dieser Organisation stammte der Plan, das Nachkriegsdeutschland zu entindustrialisieren, es zu teilen und das, was vom Land übrig geblieben war, in Agrarland umzuwandeln. Der Versuch, die deutsche Nation vollständig auszurotten, geht auf Morgenthau zurück, einen Zionisten und brutalen Deutschlandhasser. Der German Marshall Fund bezog seine enormen Mittel von den Unternehmen des Komitees der 300 und den internationalen Bankiers der Wall Street und der City of London, denselben Leuten, die die bolschewistische Revolution finanzierten, die den größten Sklavenstaat der Welt errichtete und den Tod von Millionen von Christen zur Folge hatte, wie der bekannte Schriftsteller Alexander Solschenizyn berichtet hat. Der Vorsitzende des German Marshall Fund war David Rockefeller, dem es nicht fremd ist, revolutionäre Gruppen jeglicher Couleur und Couleur zu finanzieren, seit er und seine Familie zu Reichtum und Bekanntheit gelangt sind.

Auf der Tagesordnung der COR-Konferenz stand die Frage, wie die Präsidentschaft Reagans, die für die Mitglieder des Clubs überraschend gekommen war, am besten verhindert werden kann. Der Schwerpunkt lag auf der Verhinderung des vom damaligen Kandidaten Reagan versprochenen Wirtschaftsaufschwungs. Um dies zu erreichen, wurde den Delegierten gesagt, dass die Demokratische Partei radikalisiert werden müsse. So etwas wie eine "Demokratische Partei" gibt es nicht. In einer konföderierten Republik oder einer konstitutionellen Republik, wie es die USA sind, kann es keine Demokratische Partei geben. Es wurde vorgeschlagen, dass der beste Weg, den gewählten Präsidenten Reagan zu sozialisieren, darin bestünde, die konservativen Mitglieder seines inneren Kreises zu vertreiben und dann die Demokraten in eine starke antikapitalistische sozialistische Partei zu verwandeln, wie es das Kommunistische Manifest von 1848 vorsieht. (Die Kapitalertragssteuer wurde 1989 als direktes Ergebnis der COR-Planung verabschiedet).

Tatsächlich hat die Demokratische Partei seit 1980 die Rolle der Sozialistischen/Kommunistischen Partei übernommen und sollte "Die Sozialistische/Kommunistische Partei der Vereinigten Staaten" genannt werden. Unter den Teilnehmern des Washingtoner Treffens von 1980 war Anthony Wedgewood Benn, Führer der britischen Sozialisten und Chefstratege der Fabian Socialists. Benn sprach über die Aufgabe, zu diesem Zweck einen umfassenden Notfallplan auszuarbeiten, dem er einen vorgeschlagenen "Klassenkrieg" zwischen Reagan und dem amerikanischen Volk hinzufügte. Einen Monat nach ihrem ersten Treffen kehrten die Verschwörer des Club of Rome zu einer zweiten Konferenz nach Washington zurück. Ein Delegierter der so genannten konservativen *Heritage Foundation*, einer in Washington ansässigen "Denkfabrik", die vom Brauereimagnaten Joseph Coors finanziert wird, nahm an dem Treffen teil.

Heritage fungierte in der Folge als De-facto-Arbeitsvermittlung für die Reagan-Präsidentschaft und legte eine Liste mit 3000 Namen von Personen vor, die sie für die Besetzung von Schlüsselpositionen in der Reagan-Regierung für geeignet hielt. Die meisten der Empfehlungen von Heritage waren Liberale und weit links von Marx stehende Sozialisten.

Im Jahr 1980 wurde die Heritage Foundation hinter den Kulissen von dem erzfranzösischen Sozialisten Sir Peter Vickers Hall kontrolliert, dessen Vorfahren zur Milner-Gruppe gehörten. (Es sei daran erinnert, dass Milner der Anstifter des grausamen Völkermordkrieges war, des Anglo-Buren-Krieges, der geführt wurde, um die Kontrolle über das Gold und die Diamanten in Südafrika zu erlangen.) Andere prominente Sozialisten, die anwesend waren, waren der verstorbene Willy Brandt, ein führender europäischer Kontakt für den KGB, und der verstorbene Olaf Palme, Francoise Mitterrand, damals arbeitslos, aber bald durch das Komitee der 300 wieder an die Macht in Frankreich gekommen, Philip Agee, ein abtrünniger ehemaliger CIA-Offizier, Bettino Craxi, ein führender italienischer Sozialist, Michael Harrington vom Institute of Democratic Social Studies in Washington, D.C. und ein unbekannter spanischer Sozialist namens Felipe Gonzalez, der in Havanna zwischengelandet war, um sich mit Castro zu beraten, bevor er nach Washington weiterflog.

Der AdR ernannte Gonzalez zu seinem Sachbearbeiter für Nicaragua und El Salvador, und es wäre interessant zu erfahren, wie sehr Gonzalez in die Kriege in Mittel- und Lateinamerika verwickelt war, an denen Castro beteiligt war. Mehr als 2000 Delegierte nahmen an dieser erstaunlichen Versammlung teil, die jedoch von den Medien komplett totgeschwiegen wurde. Es ist ein Tribut an meine nachrichtendienstlichen Verbindungen, dass ich innerhalb von drei Tagen nach dem Treffen, im November 1980, im Besitz einer vollständigen Dokumentation dieses unheilvollen Treffens der sozialistischen Führer war. Die COR-Delegierten nahmen an dem teil, was sie als Trauerrede für die Vereinigten Staaten ansahen, und zu den anwesenden Amerikanern gehörten - neben Agee und Harrington - Jerry Rifkin, Gar Apelrovich vom Institute for Policies Studies (IPS), die prominentesten Sozialisten des Landes), Ron Dellums aus Kalifornien und Gloria Steinham, Organisatorin der Women's Lib/ERA-Gegenkultur, die sich auf die Schriften von Madame Kollontei stützte, der kommunistischen Führerin, die in den 1920er bis 1930er Jahren durch die Vereinigten Staaten reiste. Zusammengenommen waren die Delegierten so zerstörerisch, wie man nur sein konnte. Neben Palme, Brandt und Benn waren viele der führenden Delegierten Mitglieder der Sozialistischen Internationale, die sich täglich mit Vertretern des Außenministeriums wie Cyrus Vance und Henry Kissinger trafen.

Falls es nicht bekannt sein sollte, die Sozialistische Internationale ist eine besonders gefährliche, subversive Organisation, die die Legalisierung von Drogen und Pornographie als "Destabilisierungsinstrumente" gegen die Vereinigten Staaten voll unterstützt. Die Einzelheiten der Gespräche wurden nie veröffentlicht, aber nach den Dokumenten, die mir zur Verfügung gestellt wurden, plante der COR, die Vereinigten

Staaten zu isolieren und einen einzigen Kanal zu den schlimmsten Elementen im Außenministerium und dem KGB offen zu lassen. Dies war eine Situation, die nach Hochverrat und Aufwiegelung roch, ganz zu schweigen von einer Anklage wegen Verschwörung, die gegen diejenigen hätte erhoben werden müssen, die an den beiden COR-Treffen teilgenommen hatten.

Ein ganzer Tag wurde der Frage gewidmet, wie Lord Russells Plan, die Industrie zu unterdrücken und die Welt von mehr als 2 Milliarden "nutzlosen Essern" zu befreien, am besten umgesetzt werden kann. Es wurde beschlossen, die Anstrengungen zur Beendigung des Baus von Kernkraftwerken zu verdoppeln und die Politik des Nullwachstums in Übereinstimmung mit den Wirtschaftstheorien von Adam Smith und Malthus sowie den Schriften von Russell zu fördern. (Siehe mein demnächst erscheinendes Buch "Nuclear Power").

Die Sozialistische Internationale (SI) vertritt seit langem die Idee, Großstädte aufzulösen und die Bevölkerung in kleinere, überschaubarere (d. h. leichter zu kontrollierende) Städte und auf das Land zu verlagern.

Das erste Experiment in dieser Hinsicht wurde vom Pol-Pot-Regime in Kambodscha durchgeführt, mit Wissen von Thomas Enders, einem hochrangigen Beamten des US-Außenministeriums.

KAPITEL 4

VERBINDUNG ZUM GLOBALEN VÖLKERMORD

Der Club of Rome ist ebenso wie die SI stark antinational eingestellt und befürwortet die Unterdrückung der wissenschaftlichen Entwicklung in den Vereinigten Staaten, Großbritannien und Europa und zuletzt auch in Japan. Es wird vermutet, dass der COR einige Verbindungen zu terroristischen Organisationen wie den Roten Brigaden unterhält.

Die Umsetzung erfolgte durch den Erzsozialisten Bettino Craxi, einem ehemaligen führenden Mitglied der COR und einem Mann, von dem Geheimdienste in Frankreich und Deutschland wussten, dass er Kontakte zur Bader-Meinhoff-Bande hatte, einer berüchtigten Bande von Schlägern, die Banken ausraubten und Persönlichkeiten des öffentlichen Lebens entführten, um Lösegeld zu erpressen.

Es war Craxi, der wiederholt versuchte, die Entschlossenheit der italienischen Regierung zu brechen, nicht mit den Roten Brigaden über die Freilassung des entführten US-Generals Dozier zu verhandeln.

Craxi stand Richard Gardner, einem Mitglied des Ausschusses der 300, und Henry Kissinger sehr nahe. Gardner heiratete in die Familie Luccatti ein, eine der mächtigsten Familien des schwarzen venezianischen Adels, die seit Jahrhunderten als fähige Akteure für schmutzige Tricks und Terrorismus bekannt sind.

Weder Craxi noch der ehemalige französische Premierminister Francois Mitterrand hatten 1980 ein offizielles Amt inne, aber wie ich 1971 in mehreren Ausgaben von World in Review (WIR) berichtete, war Craxi dazu bestimmt, eine führende Rolle in der italienischen Politik zu spielen, und Mitterrand sollte in Frankreich an die Macht zurückkehren - dank des Club of Rome.

Diese Vorhersagen und die von Gonzalez erwiesen sich später als zu 100 Prozent zutreffend. Am 5. Dezember 1980 wurde im Anschluss an die ursprüngliche AdR-Sitzung in Washington D.C. der *Global 2000 Report* des AdR gebilligt und angenommen - *eine Blaupause für den globalen Völkermord.* Der Bericht forderte den Tod von 2 Milliarden Menschen bis zum Jahr 2010 (daher der Titel). Vieles deutet darauf hin, dass dieser Plan mit mehreren katastrophalen Ereignissen in der Welt zusammenhängt, wie z. B. dem jüngsten katastrophalen Erdbeben in China.

Auf der zweiten Konferenz wurde auch die Euthanasiepolitik beschlossen, um die wachsende Zahl älterer Menschen loszuwerden, und die Delegierten nahmen mit Begeisterung den Russell-Begriff "nutzlose Esser" als Codewort für Millionen von Menschen an, die in den Augen des AdR "überflüssig" sind.

Es gibt einige, die die "Entvölkerung" von Schwarzen, Asiaten und anderen farbigen Ethnien für eine gute Idee halten. "Es gibt bereits viel zu viele Inder (asiatische Inder), Chinesen und Schwarze", schrieb mir ein Mann, "warum sind Sie also dagegen?"

Die Wahrheit ist, daß nicht nur diese Ethnien ausgemerzt werden sollen, sondern auch die "überflüssigen" Industriearbeiter in den Vereinigten Staaten, auf die der Global 2000 Report abzielt. Die Delegierten der beiden COR-Sitzungen äußerten sich nacheinander zuversichtlich, ihre Pläne erfolgreich durchsetzen zu können.

Die Feierlichkeiten zum fünfundzwanzigsten Jahrestag, die im Dezember 1993 in Deutschland stattfanden, sollten das bis dahin Erreichte würdigen.

Es war auch eine persönliche Rechtfertigung für mich, denn als ich 1969 zum ersten Mal von der Existenz des AdR berichtete, wurde ich verspottet und ausgelacht. "Die ganze Idee ist ein Hirngespinst deiner überreifen Phantasie", schrieb ein Mann. Ein anderer schrieb. "Wo ist die Dokumentation für Ihren Club of Rome-Bericht?" Das Treffen im Dezember 1980 war so bedeutsam, dass man hätte meinen können, die Medien würden alles in ihrer Macht Stehende tun, um eine Schlagzeile zu bekommen. Aber das war nicht der Fall. Die Medien hüllten die Sitzung in Schweigen, weder in der herkömmlichen Presse noch in Rundfunk und Fernsehen wurde darüber berichtet. Das nennt man "Pressefreiheit" - nach amerikanischer Art. Das amerikanische Volk ist das am meisten belogene, hintergangene und betrogene Volk der Welt. Wir sind auch das am meisten zensierte Volk - in diesem Fall Zensur durch Unterlassung.

Was wollten die Delegierten? Michael Harrington erklärte es: "Willy Brandt will eine soziale Umwälzung in Europa", und wir sollten uns daran erinnern, dass die derzeitige soziale Umwälzung in Deutschland Teil dieses Plans ist. Das ist kein Zufall. Wir sollten nicht glauben, dass die sozialen Umwälzungen nicht auch in den Vereinigten Staaten stattfinden werden.

Der AdR arbeitete mit der sozialistischsten Regierung zusammen, die Amerika je hatte: der Carter-Administration, die sich der Umsetzung des Kommunistischen Manifests von 1848 verschrieben hat, wie wir an der Carter-Außenpolitik sehen konnten, die in Südafrika, auf den Philippinen, im Iran, in Mittelamerika und in Südkorea die Revolutionen befeuerte. Präsident Clinton und G.W. Bush haben den Mantel weitergeführt, wie wir in Jugoslawien gesehen haben.

Polen wurde durch die Absetzung von Präsident Gereck

destabilisiert, die von Richard Gardner, dem ehemaligen US-Botschafter in Rom, veranlasst wurde.

Eine der wichtigsten Errungenschaften, die aus der COR-Sitzung hervorgingen, war der Druck, der auf Präsident Reagan ausgeübt wurde, um die Dienste des Vertreters der Bank für Internationalen Zahlungsausgleich in den USA, Paul Volcker, als Leiter der illegalen Federal Reserve Banks zu erhalten. Die Federal Reserve ist keine Einrichtung der US-Regierung, wie Louis T. McFadden, der sie als "den größten Schwindel der Geschichte" bezeichnete, treffend beschrieben hat.

Es war Anthony Wedgewood-Benn, ein sehr prominenter Labour-Führer in Großbritannien, der auf der Beibehaltung von Volcker bestand, ungeachtet der Wahlkampfversprechen Reagans, Amerika von der Volcker-Plage zu befreien. Benn war der Ansicht, dass Volcker der beste Mann war, um den "Klassenkrieg" nach Amerika zu bringen. Benn nominierte Rifkin, um Volcker bei diesem Unterfangen zu unterstützen, das, wie er sagte, "die Amerikaner polarisieren wird". Der AdR beschloss einen Plan zur Destabilisierung der Währung durch höhere und ständig schwankende Zinssätze.

Sie wollten Helmut Schmidt, den damaligen deutschen Bundeskanzler, loswerden, weil er maßgeblich zur Stabilisierung der internationalen Zinssätze beigetragen hatte. Sir Peter Vickers Hall forderte eine Anhebung der Zinssätze in den Vereinigten Staaten auf 20 Prozent, da dies der beste Weg sei, um die Kapitalinvestitionen in der Industrie zu beenden. Volcker hütete sich, sich auf der COR-Sitzung blicken zu lassen, aber es wird vermutet, dass er von Hall von der Heritage Foundation informiert wurde. Stuart Butler, der Vorstandsvorsitzende von Heritage, sagte den Delegierten des Ausschusses Folgendes:

Mit der Reagan-Regierung haben wir eine rechtsgerichtete Regierung, die einige linksradikale Ideen durchsetzen wird. Es gibt keinen Grund, warum Kommunisten, Anarchisten, Libertäre oder religiöse Sekten (er sprach von Satanismus, Voodoo, schwarzer Magie, Hexerei usw.) ihre Philosophien nicht vorbringen sollten.

Butler schlug vor, der Reagan-Regierung die alte sozialistische Doktrin der "freien Unternehmenszonen" aufzudrängen. Freie Wirtschaftszonen gibt es in Orten wie Manila und Hongkong, ganz zu schweigen vom chinesischen Festland. Sie sind buchstäblich "Sklavenläden".

Butler forderte die Einrichtung von Freihandelszonen in Gebieten, in denen Industrien entwurzelt und zerstört worden waren. Butler stellte sich stille Stahlwerke, stillgelegte Werkzeugmaschinenfabriken und geschlossene Werften vor.

Die in Hongkong weit verbreitete "Industrie" in Form von Hütten wäre nach dem Post Industrial Zero Growth Plan ein geeignetes Mittel zur Beschäftigung von Vertriebenen aus entvölkerten Städten.

KAPITEL 5

MÄNNER SIND WIE INSEKTEN

Ich wusste, dass nicht viele Leser dieser Warnung Beachtung schenken würden, die 1981 geschrieben wurde, als ein Aufschwung unter der Reagan-Regierung versprochen wurde. Aber denken Sie daran, niemand glaubte den Dokumenten, die bei Lange, dem Boten der Illuminaten, gefunden wurden. Die gekrönten Häupter Europas waren nicht in der Stimmung, auf die "Schreckensmeldungen" der bayerischen Regierung über die Pläne der Illuminaten für einen blutigen Umsturz in Frankreich zu hören! Die Menschen mögen es nicht, wenn ihr Gleichmut gestört wird. Wie bereits erwähnt, repräsentiert der COR die Kommandostruktur der Illuminaten und der 13 führenden Illuminatenfamilien in den Vereinigten Staaten. Erinnern Sie sich daran, dass der jakobinische Plan der Französischen Revolution die Ermordung von Millionen von "überflüssigen" Franzosen vorsah, insbesondere von bretonisch-keltischen Christen, die die Hauptlast der Grausamkeiten zu tragen hatten. Vor diesem Hintergrund ist die Aussage Mitterrands auf dem COR-Treffen im Dezember 1980 nicht auf die leichte Schulter zu nehmen:

Die industrielle kapitalistische Entwicklung ist der Feind und das Gegenteil von Freiheit.

Damit meinte Mitterrand, dass die industrielle Entwicklung den Menschen durch die Zusammenarbeit, d.h. die industrielle Entwicklung, ein besseres Leben ermöglicht hat, und wenn die Menschen ein besseres Leben haben, neigen sie dazu, größere Familien zu haben. Daher ist die industrielle kapitalistische Entwicklung der "Feind der Freiheit", einfach weil große Gebiete der Zusammenarbeit (industrielle Entwicklung) dazu neigen, mehr von ihren (des Ausschusses der 300) natürlichen Ressourcen zu verbrauchen. Dies war die verdrehte Logik hinter der Politik des Club of Rome.

In einer Folgeveranstaltung des COR in Paris im März 1982 gab Aurellio Peccei, der Gründer des Clubs, folgende Erklärung ab:

> *Der Mensch ist wie ein Insekt. Sie vermehren sich zu sehr... Es ist an der Zeit, das Konzept der Nationalstaaten als Hindernis für die Weltkultur auf den Prüfstand zu stellen. Das Christentum macht stolze Menschen; eine merkantile Gesellschaft, die nichts als tote Kultur und klassische Musik hervorbringt, bedrückende Zeichen auf Papier.*

Ob man es nun glaubt oder nicht, mein Beitrag soll eine Warnung an die Bürger der Vereinigten Staaten sein, dass das Äquivalent des jakobinischen Terrormobs zu gegebener Zeit auf unsere ahnungslose Nation losgelassen wird. Der jakobinische Mob wird eingesetzt werden, um drastische Veränderungen in der Art und Weise herbeizuführen, wie wir in Amerika leben, Veränderungen, die bis zu tausend Jahre andauern könnten.

Die Politik des AdR zielt auf *immer weniger Menschen ab, die immer weniger konsumieren und immer weniger Dienstleistungen in Anspruch nehmen, egal mit welchen Mitteln.* Das ist eine völlige Umkehrung unserer Gesellschaft, in der immer mehr Menschen bessere Güter, Dienstleistungen und einen besseren Lebensstil fordern, was das Wesen einer produktiven Gesellschaft in einer republikanischen Regierungsform ist. Bezeichnenderweise sagte Peccei nichts über die eine okkulte Theokratie, die sich als Religion ausgibt, was sie aber nicht ist, da sie ein politisches und wirtschaftliches System ist, das darauf ausgerichtet ist, das Leben der Menschen bis ins letzte Detail zu kontrollieren, wie wir in der bolschewistischen Revolution gesehen haben. Peccei und der Club of Rome sind die Nachfolger der Französischen und der Bolschewistischen Revolution, der Sozialisten, der Illuminaten und der Myriaden von Geheimgesellschaften, die versuchen, die Vereinigten Staaten in einen Sklavenstaat zu verwandeln, den sie euphemistisch eine Demokratie nennen. Die Vereinigten Staaten sind eine konföderierte Republik oder eine konstitutionelle Republik. Sie können niemals eine Demokratie sein, die eine lange Geschichte als Zerstörer von freien Gesellschaften hat.

Wie unsere Gründerväter einmal sagten, *ist jede reine Demokratie in der Geschichte ein totaler Fehlschlag gewesen*, und sie hatten nicht die Absicht, dass die Vereinigten Staaten als eine gescheiterte Demokratie enden sollten.

Die Delegierten des Club of Rome verpflichteten sich, die Stationierung von US-Atomraketen in Europa zu verhindern, was am 5. Dezember 1981 in die Tat umgesetzt wurde. Hunderte von "jakobinischen" Mobs, die vom AdR angestiftet worden waren, gingen in Paris und Hamburg auf die Straße: Es kam zu Ausschreitungen und Unruhen, die mehrere Tage und Nächte andauerten.

Anmerkung: Die Aktion der Mafia war 1989 erfolgreich. Da Frankreichs Giscard d'Estaing für einen nuklearen Schutzschirm für Europa eintrat, wurde er von der COR abgesetzt und durch den Sozialisten Mitterrand ersetzt. Einer von Mitterrands führenden Beratern war Jacques Attali, ein Okkultist, der an Selbstmord glaubte: *In einer demokratischen Gesellschaft ist das Recht, Selbstmord zu begehen, das wichtigste Menschenrecht.* Dies steht im Einklang mit Pecceis Überzeugung, dass der Mensch eine Art Unfall innerhalb der Schöpfung ist und dass die Mehrheit der Bevölkerungsgruppen auf der Welt nicht gebraucht wird und ihre Ansichten nicht berücksichtigt werden sollten. Dies ist die Art von okkulter Theokratie, die in Ägypten, Judäa und Syrien und in vielen anderen Teilen der antiken Welt gedieh, in denen der Dionysos-Kult eine so wichtige Rolle spielte. Aus den Treffen des Club of Rome ging ganz klar hervor, dass sein Hauptzweck und -ziel darin bestand,:

➢ die industrielle Entwicklung bremsen,

> die wissenschaftliche Forschung zu behindern,

> die Entvölkerung der Städte, insbesondere der ehemals industrialisierten Städte Nordamerikas,

> Verlagerung der Bevölkerung in ländliche Gebiete,

> die Weltbevölkerung um mindestens 2 Milliarden Menschen zu verringern,

> die Reorganisation der politischen Kräfte zu verhindern, die sich gegen die COR-Pläne stellen,

> die Vereinigten Staaten durch massive Entlassungen und Arbeitsplatzverluste sowie Klassen- und Rassenkriege zu destabilisieren,

> Vernichtung von Kapitalanreizen durch hohe Zinssätze und hohe Kapitalertragssteuern.

Für die Zweifler, die meinen Bericht "bizarr" und "weit hergeholt" finden, wie es über diese Arbeit gesagt wurde, werfen Sie einen Blick auf die Gesetzesentwürfe, die von Haus und Senat verabschiedet wurden, seit sich diese Gruppe im November und Dezember 1980 und anschließend am 5. Dezember 1981 traf. Die Tatsache, dass die Medien die Amerikaner einer intensiven Zensur unterworfen haben - sei es durch Unterlassung oder durch Beauftragung - macht diesen Bericht nicht ungenau und phantasievoll. Es sei daran erinnert, dass, als sich die Verschwörer von Jekyll Island trafen, um einen Staatsstreich gegen unser amerikanisches Geldsystem zu begehen, den sie später Federal Reserve Act nannten, niemand davon wusste - die Presse verwischte die Spuren der Banker und die unschuldige amerikanische Nation machte weiter, als ob nichts Ungewöhnliches geschehen wäre. Die gleichen Bedingungen gelten für die COR-Planung.

Das Endziel von Florence Kelleys gesetzgeberischer Tätigkeit war die Sozialisierung Amerikas, die unter der Regierung von Franklin D. Roosevelt und James Earl Carter mit beängstigender Geschwindigkeit Gestalt annahm. Florence Kelly war eine bemerkenswerte fabianische Sozialistin, von der Roosevelt Ratschläge einholte und erhielt, die in viele seiner politischen Entscheidungen einflossen. Wenn wir zurückblicken, sehen wir, dass große Teile unseres industriellen Kernlandes verwüstet wurden, 40 Millionen Industriearbeiter dauerhaft entlassen wurden und Rassenkonflikte an der Tagesordnung sind. Es gibt auch viele sozialistische Gesetzesentwürfe, die sich direkt auf die Zukunft dieses großartigen Landes auswirken, landwirtschaftliche Gesetze, die darauf abzielen, den amerikanischen Landwirt seines Landes zu berauben, "Kriminalitäts"-Gesetze und "Bildungsgesetze", die zu 100 Prozent verfassungswidrig sind.

Glauben Sie nicht, dass unsere Regierung zögern wird, sozialistische Unternehmungen in den Vereinigten Staaten durchzuführen, und sie wird keine ausländischen Truppen brauchen, um diese Pläne zu verwirklichen. Europa und die Vereinigten Staaten werden durch Drogen, Sex, Rockmusik und Hedonismus dezimiert. Wir verlieren unser kulturelles Erbe, das Aurellio Peccei so verachtet hat. Die Hierarchie der Vereinigten Staaten ist der größte Unruhestifter der Welt. Seit dem Ende des Zweiten Weltkriegs sind wir für die Destabilisierung von Ländern und die Zerstörung ihres nationalen Charakters und ihrer Identität verantwortlich. Man denke an Südafrika, Simbabwe (ehemals Rhodesien), Südkorea, die Philippinen, Nicaragua, Panama, Jugoslawien und den Irak, um nur einige Länder zu nennen, die von den Vereinigten Staaten verraten wurden.

KAPITEL 6

AUSSENPOLITISCHE ENTSCHEIDUNGEN

Wir, das Volk, werden von der Regierung ausgeschlossen; wir werden ignoriert, und unser Schicksal liegt in den Händen von Waffennarren und jenen, die keine Rücksicht auf die Verfassung nehmen - Abtreibungsgegner, Babymörder, sozialistische Machtmenschen und alle Arten von modernen Ganoven. Der gemeinsame Nenner, der sich leicht durch alle alten und modernen okkulten Theokratien ziehen lässt, ist die Blutgier.

Wenn wir in die Geschichte zurückblicken, sehen wir, dass die Seiten der Geschichtsbücher mit dem Blut der Märtyrer des Christentums und anständiger republikanischer repräsentativer Regierungen befleckt sind. An diese wirklichen Holocausts wird kaum erinnert, geschweige denn ihnen ein Denkmal gesetzt. Der Club of Rome hat eine amerikanische Sektion, die jedes Jahr stärker wird. Hier folgt eine Liste seiner Mitglieder:

> ➢ William Whipsinger. Internationaler Verband der Maschinenbauer

> ➢ Sir Peter Vickers Hall. Kontrolleur hinter den Kulissen der Heritage Foundation

> ➢ Stuart Butler. *Heritage Foundation*

> ➢ Steven Hessler. Heritage Foundation

> ➢ Lane Kirkland. *Geschäftsführer des AFL CIO*

> ➢ Irwin Suall. M16 und ADL-Mitarbeiter

> ➢ Roy Maras Cohn. Ehemaliger Rechtsberater des

verstorbenen Senators Joe McCarthy

➢ Henry Kissinger. Braucht keine Einführung

➢ Richard Falck. Princeton University (vom COR ausgewählt, um Krieg gegen Südafrika, Iran und Südkorea zu führen)

➢ Douglas Frazier. Vereinigte Autoarbeitergewerkschaft

➢ Max Fisher. United Brands Fruit Company

➢ Averill Harriman. Doyen der Demokratischen Partei, sozialistischer Vertrauter der Rockefeller-Familie

➢ Jean Kirkpatrick. Ehemalige US-Botschafterin bei den Vereinten Nationen.

➢ Elmo Zumwalt. Admiral, U.S. Navy

➢ Michaeel Novak. American Enterprise Institute

➢ Cyrus Vance. Ehemaliger Außenminister

➢ April Glaspie. Ehemalige Botschafterin im Irak

➢ Milton Friedman. Wirtschaftswissenschaftler

➢ Paul Volcker. Federal Reserve Banken

➢ Gerald Ford. Ehemaliger Präsident

➢ Charles Percy. Ehemaliger U.S. Senator

➢ Raymond Matthius. Ehemaliger U.S. Senator

➢ Michael Harrington. Mitglied der Fabian Society

➢ Samuel Huntington. Chefplaner für die Zerstörung von Nationen, auf die der COR abzielt

➢ Claiborne Pell. U.S. Senator

➢ Patrick Leahy. U.S. Senator

Dies ist keineswegs eine vollständige Liste der COR-Mitglieder des amerikanischen Kapitels. Nur wenige Menschen haben die vollständige Liste. Der Club of Rome ist ein wichtiger internationaler außenpolitischer Arm des Ausschusses der 300.

Er ist der Vollstrecker und Überwacher der außenpolitischen Entscheidungen des Ausschusses. Finanzielle Unterstützung erhält der AdR vom German Marshall Fund, der mit Deutschland nichts zu tun hat, ein Name, der in der Absicht gewählt wurde, zu täuschen. Zu den Mitgliedern des German Marshall Fund gehören unter anderem folgende Personen:

> Milton Katz. Ford-Stiftung

> David Rockefeller. Chase Manhattan Bank

> Russell Train. Präsident des World Wildlife Fund, Aspen Institute

> James A. Perkins. Carnegie Corp, eine Zweigstelle des Carnegie Trust of the U.K. und der Gesellschaft der Freunde (Quäker)

> Paul G. Hoffman. Designer, Morgenthau Plan, New York Life Insurance Co.

> Irving Bluestone. Exekutivausschuss der United Auto Workers

> Elizabeth Midgeley. CBS-Produzent

> B. R. Gifford. Russell Sage Stiftung

> Willy Brandt. Ehemaliger Präsident, Sozialistische Internationale

> Douglas Dillon. Ehemaliger U.S. Finanzminister.

> John J. McCloy. Harvard University, Beauftragter für den Morgenthau-Plan

> Derek C. Bok. Harvard-Universität

> John B. Cannon. Harvard-Universität

Es folgt eine kurze Zusammenfassung der Ziele des German Marshall Fund, der die COR-Treffen in Washington sponsert,

D.C. Sie ist ein starker Befürworter des Sozialismus auf der ganzen Welt. Ihre führenden Köpfe entstammen dem alten Schwarzen Adel und der europäischen Aristokratie. Ihr politisches Ziel ist es, die schlimmsten Merkmale von Autokratie, Theokratie und okkulter Theokratie in die Regierung einzubringen.

Die Zerstörung der nationalen Identität und der Souveränität der Nationen ist eines ihrer Hauptziele. In den Vereinigten Staaten gibt es buchstäblich Hunderte ihrer Vertreter in der Regierung auf lokaler, bundesstaatlicher und föderaler Ebene.

Man braucht sich nur die Aufzeichnungen zahlreicher Mitglieder des Repräsentantenhauses anzuschauen, um zu sehen, wie weit der German Marshall Fund bei dem Gesamtplan zur Sozialisierung der Vereinigten Staaten fortgeschritten ist. Die Leute fragen mich: "Warum stören Sie sich am Sozialismus?"

Die Antwort lautet: Weil der Sozialismus der gefährlichste der "Ismen" ist, denen die westliche Zivilisation gegenübersteht. Er ist im Grunde genommen ein schleichender Kommunismus.

KAPITEL 7

WAS IST SOZIALISMUS?

Wie einer der führenden Vertreter des Fabianischen Sozialismus einmal sagte:

"Der Sozialismus kann nirgendwo anders hin als zum Kommunismus, und der Kommunismus ist nichts anderes als der Sozialismus in Eile."

Das amerikanische Volk wird den totalen Kommunismus nicht akzeptieren; daher ist es notwendig, die ahnungslosen Massen mit sozialistischen Dosen zu füttern, bis der Kommunisierungsprozess abgeschlossen ist.

Im Falle des AdR bedienten sie sich eines harten Kerns von Sozialisten wie dem verstorbenen Willy Brandt, dem ehemaligen deutschen sozialistischen Präsidenten, und John J. McCloy, die zum inneren Kreis der Morgenthau-Fraktion gehörten.

McCloy war nach dem Zweiten Weltkrieg "Hoher Kommissar" des besiegten Deutschlands und setzte sich dafür ein, das Land in eine nicht industrialisierte Hirtennation zu verwandeln.

Dabei wurde er maßgeblich von Leslie Gelb und Jimmy Carters Außenminister Cyrus Vance unterstützt, die beide überzeugte Sozialisten sind. Gelb und Vance arbeiteten unermüdlich daran, die Vereinigten Staaten während der langwierigen SALT-Vertragsverhandlungen zu benachteiligen.

Zu der dominierenden inneren Gruppe der Morgenthau-

Planungskommission, die Mitglieder des Deutschen Marschallfonds sind, gehören die folgenden Personen:

> ➢ Averill Harriman, Brown Bros., Harriman, Wall Street Bankiers

Harriman war der wichtigste US-Beamte bei den Bemühungen, die Sowjets zum Beitritt zur Eine-Welt-Regierung zu bewegen, aber Stalins Widerstand und sein Misstrauen gegenüber der von den Vereinigten Staaten geführten Neuen Weltordnung blieben stark und er weigerte sich.

> ➢ Thomas L. Hughes

Partner bei Brown Bros. Harriman. Entwerfer des Morgenthau-Plans.

> ➢ Robert Abercrombie Lovett

Er war Partner bei Brown Bros. Harriman und entwarf den Morgenthau-Plan.

> ➢ Prinz Bernhard der Niederlande

Ein leitender Angestellter von Royal Dutch Shell (eines der wichtigsten Unternehmen des Komitees der 300 und Gründer der Bilderberg-Gruppe).

> ➢ Katherine Meyer Graham (inzwischen verstorben)

Doyen der etablierten Presse, war Mitglied der Familie Meyer und Freund von Bernard Baruch und Präsident Wilson. Ihr Vater soll Anleihen aus dem Ersten Weltkrieg gefälscht und die mit den gefälschten Anleihen erwirtschafteten Millionen von Dollar behalten haben. Er wurde nie strafrechtlich verfolgt.

Grahams Ehemann starb unter sehr verdächtigen Umständen. Aus

Geheimdienstkreisen verlautet, dass sie glauben, dass er ermordet wurde und dass seine Frau ihre Hand im Spiel hatte - aber nichts wurde je bewiesen. Die Familie Meyer kontrollierte die riesige Investmentbank Lazard Freres.

> John J. McCloy

Der Kontrolleur mehrerer Ausschüsse von 300 Gesellschaften, die mit europäischen Lizenzgebühren verbunden sind, für die er als Finanzberater tätig ist.

> Professor Samuel Huntington

Ein glühender Zionist und Sozialist, der am Sturz der meisten rechtsgerichteten Regierungen beteiligt war, die das Komitee der 300 nach dem Zweiten Weltkrieg ins Visier nahm.

> Joseph Rettinger

Der Jesuit und Sozialist, der für die Rekrutierung der Bilderberg-Mitglieder und ihre Einführung in die Harriman-Gruppe verantwortlich war, arbeitete einst für Winston Churchill. Es wird angenommen, dass Rettinger der Mann war, der Clinton als möglichen zukünftigen sozialistischen Führer rekrutierte und ihn dann an Pamela Harriman übergab, um ihn für ein hohes Amt zu präparieren. Rettingers Plan war es, aus Polen, Ungarn und Österreich einen mitteleuropäischen Jesuitenstaat zu machen, aber der Nachkriegsplan wurde vom Ausschuss der 300 nicht genehmigt.

Die meisten Mitglieder des Schwarzen Adels und der europäischen Königshäuser sind durch Heirat mit den oligarchischen Familien Großbritanniens verbunden, die auf Robert Bruce zurückgehen, der den Schottischen Ritus der Freimaurerei gründete. Nehmen Sie zum Beispiel Lovet. Er ist ein Mitglied der Europäischen Union und eng mit McCloy verbündet.

Beide Männer gehörten zum engeren Kreis der Familien Auchincloss und Astor, die enge Beziehungen zum britischen, niederländischen, dänischen und spanischen "Adel" unterhalten. Auch die Radziwills und Zbignew Brzezinski, Carters nationaler Sicherheitsberater, arbeiteten mit dieser Gruppe zusammen. Sie alle sind Diener des Komitees der 300. In der Royal Dutch Shell-Gruppe war Sir Bazil Zaharoff, der ehemalige Präsident der Vickers Arms Company, des britischen Waffenherstellers, der mit der Lieferung von Munition für die bolschewistische Revolution, den Ersten und den Zweiten Weltkrieg Milliarden verdient hat. Die Familie von Sir Peter Vickers Hall (der hinter den Kulissen die Heritage Foundation in Washington D.C. kontrolliert) war die Erbin dieses riesigen Vermögens. Die führenden Köpfe der amerikanischen Sektion des COR sind:

➢ Jean Kirkpatrick,

➢ Eugene Rostow,

➢ Irwin Suall,

➢ Michael Novack,

➢ Lane Kirkland,

➢ Albert Chaitkin,

➢ Jeremy Rifkin,

➢ Douglas Frazier,

➢ Marcus Raskin,

➢ William Kunsler.

Diese Würdenträger müssen nicht vorgestellt werden. Sie sind sozialistische Führungspersönlichkeiten von großer Bedeutung im Krieg zur Sozialisierung der Vereinigten Staaten. Zu den Mitstreitern im Kampf um den Sturz der republikanischen Regierungsform in den Vereinigten Staaten gehören die folgenden:

- Gar Apelrovich,
- Ben Watenburg,
- Irving Bluestone,
- Nat Weinberg,
- Sol Chaikan,
- Jay Lovestone,
- Mary Fine,
- Jacob Shankman,
- Ron Dellums,
- George McGovern,
- Richard Bonnett,
- Barry Commoner,
- Noam Chomsky,
- Robert Moss,
- David McReynolds,
- Frederik von Hayek,
- Sidney Hook,
- Seymour Martin Lipsit,
- Ralph Widner.

Die Genannten gehörten verschiedenen sozialistischen Organisationen an, wie dem AFL-CIO International Affairs Department, dem Cambridge Institute for Contemporary Studies, dem Institute of Policy Studies, der Auto Workers Union und der International Ladies Garment Workers Union mit ihren langen Verbindungen zum Fabianischen Sozialismus.

Von Hayek wird von den Konservativen als ihr bevorzugter Wirtschaftswissenschaftler verehrt. Die Senatoren George

McGovern und Ron Dellums waren beide im Kongress der Vereinigten Staaten tätig.

Einige der sozialistischen Publikationen, die von den oben Genannten herausgegeben werden, sind:

➢ The New Republic-Richard Stuart und Morton Condrake

➢ The Nation - Nat Hentoff, Marcus Raskin, Norman Benorn, Richard Faulk, Andrew Kopkind

➢ Dissens - Irving Hall, Michael Harrington Kommentar - Carl Girshman

➢ Das Arbeitspapier für eine neue Gesellschaft-Marcus Raskin. Noam Chomsky, Gar Apelrovich, Andrew Kopkind, James Ridgway

➢ Anfrage - Nat Hentoff

➢ WIN- Noam Chomsky

Bei so vielen Ebenen in seinen Reihen könnte es sinnvoll sein, den Club of Rome als eine riesige sozialistische Denkfabrik zu betrachten. Es ist sehr interessant, wie der COR ins Leben gerufen wurde.

Als der Club of Rome einige Aspekte seines Programms für die Neue Weltordnung koordinieren musste, schickte er Aurellio Peccei nach England zur Ausbildung am Tavistock Institute of Human Relations, der Mutter aller Gehirnwäsche-Institutionen der Welt.

Zu dieser Zeit war Peccei der oberste Manager der Fiat Motor Company, einem riesigen Multikonglomerat des Komitees der 300 durch seine Mitglieder des Schwarzen Adels, der aristokratischen Familie Agnelli, derselben Familie, die Pamela Harriman als Frau eines der Agnelli-Söhne ablehnte.

Pamela heiratete später Averill Harriman, einen der 300 führenden Staatsmänner und Spezialisten für US-Außenpolitik, einen echten "Insider".

KAPITEL 8

NATO UND DER KLUB DER RÖMER

Tavistock stand unter der Leitung und Kontrolle von Generalmajor John Rawlings Reese, der von Lord Bertrand Russell, den Brüdern Huxley, Kurt Lewin und Eric Trist als seinen neuen wissenschaftlich-wissenschaftlichen Spezialisten unterstützt wurde.

Regelmäßige Abonnenten von *World In Review* werden wissen, dass mit der Ankunft der Tavistock-Missionare alle Arten von Übel, Dunkelheit, Chaos und Verwirrung in die Vereinigten Staaten eindrangen. Aldous Huxley und Bertrand Russell, die prominente Mitglieder des Isis-Osiris-Kults waren.

Nachdem man ihm die wenigen menschlichen Qualitäten genommen hatte, mit denen er begonnen hatte, bescheinigte Tavistock Peccei, dass er "qualifiziert" sei, und schickte ihn in das Hauptquartier der Nordatlantikvertragsorganisation (NATO).

Diese Organisation des Komitees der 300 war in erster Linie als politisches Gremium und in zweiter Linie als militärischer Verteidigungspakt für Europa gegen die von der UdSSR ausgehenden Gefahren konzipiert. In der NATO rekrutierte Peccei führende Mitglieder, die ihm bei der Gründung des Club of Rome folgten. Dem COR schlossen sich weitere führende Persönlichkeiten der NATO und der politischen Linken an, die die Bilderberg-Gruppe bildeten, den sozialistischen Rekrutierungs und Ausbildungszweig des Ausschusses der 300.

Was waren die Ziele des COR? Im Wesentlichen folgten sie dem

Kommunistischen Manifest von 1848 und waren sozialistisch in Charakter und Ursprung, motiviert durch dunkle spirituelle Kräfte, die im Gnostizismus, in der chaldäischen schwarzen Magie, im Rosenkreuzertum, in den Kulten von Isis-Osiris und Dionysos, im Dämonismus, in der okkulten Theokratie, im Luziferianismus, in der Freimaurerei und dergleichen im Spiel waren. Der Umsturz der westlichen christlichen Zivilisation war für die Aktivitäten des COR von größter Bedeutung.

Die Zerstörung der nationalen Souveränität und des Nationalismus aller Nationen und damit die Vernichtung von Milliarden von "überflüssigen" Menschen stand ebenfalls ganz oben auf der Tagesordnung des COR. Peccei war der Ansicht, dass die Nationalstaaten, die individuelle Freiheit, die Religion und die Meinungsfreiheit unter dem Stiefel der Neuen Weltordnung - einer Weltregierung - zu Staub zermahlen werden müssten, und zwar durch den COR, der zu diesem Zweck in kürzester Zeit gegründet wurde. Die COR-Denkfabriken hatten die Aufgabe, die vielen sozialistischen Organisationen, die bereits das Ende der christlich-abendländischen Zivilisation anstrebten, unter einer Dachorganisation zusammenzuführen.

Japan kann bei den Plänen des COR-Ausschusses der 300 nicht außen vor gelassen werden. Japan ist auch eine Industrienation, ein hochgradig nationalistisches, homogenes Volk; die Art von Gesellschaft, die von den Möchtegern-Herrschern der Neuen Weltordnung sehr gehasst wird. Daher stellte Japan, obwohl es weder westlich noch christlich ist, für die COR-Planer ein Problem dar.

Mit Hilfe der Japan Society und der Suntory Foundation von David Rockefeller sollte Japans erfolgreichste Nutzung des amerikanischen Wirtschaftssystems - ein Vermächtnis von General Douglas MacArthur - mit indirekten Mitteln untergraben werden. "Indirekte Mittel" bedeutete, Japan mit sozialistischen Idealen zu indoktrinieren, so genannte "kulturelle Veränderungen" gemäß der Blaupause, dem "Zeitalter des Wassermanns - Neues Zeitalter". Japans Institutionen und

Traditionen sollten langsam aber sicher untergraben werden, so wie es gegen die Vereinigten Staaten geschah.

Die COR-Fanatiker, die gegen Amerika Krieg führten, um "sein öffentliches Image zu ändern", wurden auf Japan losgelassen. Daniel Bell von Tavistock und Daniel Yankelovich, die Nummer 1 der amerikanischen "Image-Macher", wurden hinzugezogen, um zumindest vorübergehend abzulenken und ihren Krieg gegen Japans industrielle Basis zu führen. Diejenigen unter Ihnen, die meine Arbeit seit 1970 verfolgen, werden wissen, dass die Zusammenarbeit zwischen dem britischen Geheimdienst MI6 und David Sarnoff von der Radio Corporation of America (RCA) dazu führte, dass britische Agenten in Schlüsselpositionen innerhalb der CIA und der Abteilung 5 des FBI - deren Spionageabwehr - eingesetzt wurden. Yankelovich von der Firma Yankelovich, Skelly and White wurde vom MI6 mit ausgewählt, um einen unaufhörlichen Krieg gegen das amerikanische Volk zu führen.

Yankelovich, ein antichristlicher Sozialist, der zwei Jahrzehnte lang an der Spitze des Angriffs auf das ahnungslose amerikanische Volk gestanden hatte, wurde nun vom COR angewiesen, seine Ressourcen auf Angriffe gegen die Schwerindustrie in Japan zu konzentrieren, die sie als "rülpsende Schornsteine" bezeichneten. Die Leichtindustrie sollte gepriesen und gelobt werden.

Die Hoffnung war, dass sich der postindustrielle Nullwachstumskollaps der Vereinigten Staaten und die Volckersche Kreditklemme gegen Japan wiederholen könnten. In einer postindustriellen Gesellschaft, so der AdR, würden annähernd 50 Millionen Amerikaner ihrer Arbeitsplätze beraubt und dauerhaft arbeitslos werden, und viele Millionen mehr wären unterbeschäftigt. Dies, so der AdR, würde zu sozialem und moralischem Verfall führen und die Nation zu einem leichten Opfer für die Übernahme durch die Neue Weltordnung und die Eine-Welt-Regierung machen. Der Zusammenbruch der amerikanischen Mittelschicht würde tiefgreifende Auswirkungen auf Japans Exporte in die Vereinigten Staaten haben.

Wie das amerikanische Volk, das nie über den Krieg informiert wurde, der seit 1946 gegen es tobt, hofften die COR-Planer, die japanische Nation unvorbereitet zu treffen. Peter Berger vom berüchtigten Council on Foreign Relations (CFR) - der hochrangigen Parallelregierung der Vereinigten Staaten unter dem Komitee der 300 - und der so genannte Anthropologe Herbert Passon - der Mann, der in die Fußstapfen der verstorbenen, bedauernswerten Margaret Mead getreten ist - nahmen ihre neue Herausforderung gerne an. Infolgedessen kam eine Flut von "New Age"-Literatur auf den japanischen Markt, die vorgab zu zeigen, wie weit die Industrie in Japan den Durchschnittsjapaner von den nationalen, traditionellen Werten entfernt hatte.

Fernsehfilme über Straßenbanden von "Rock and Roll"-Jugendlichen wurden populär gemacht, wobei man darauf achtete, nicht zu verraten, dass diese Verirrung aus derselben Quelle stammte, die uns die Beatles, Mick Jagger, Keith Richard und alle möglichen dekadenten, verdorbenen, amoralischen Verwerfungen bescherte, die eine Schöpfung des Tavistock-Instituts unter der Schirmherrschaft des COR sind. Jagger und Richards wurden oft von den europäischen Königshäusern geehrt. So entsteht das Bild, dass diese Entartung die Folge der Industrialisierung der Vereinigten Staaten ist.

Wenn keine konzertierten Anstrengungen unternommen werden, um dies zu verhindern, wird Japan den gleichen oder zumindest einen ähnlich schweren moralischen Niedergang erleben wie die Vereinigten Staaten in der "Beatles-Jagger-Rolling Stones"-Ära, etwa von den 1960er bis zu den 1980er Jahren. Übrigens gehören Jagger und Richards dem vom Luziferianer Alestair Crowley gegründeten okkulten Club an ~ dem Isis-Osiris-Orden der Goldenen Morgenröte. Das Hauptziel von Isis-Osiris ist die moralische Zerstörung der Jugend des Westens durch unbegrenzten Drogenmissbrauch, "freien Sex", Homosexualität und Lesbianismus.

Die "Musik", die von Degenerierten wie Jagger und einigen späteren Rockbandleadern dargeboten wurde, gab den Ton für die Senkung der Hemmschwelle an, wodurch die Jugend der Nationen leichter in diese üblen Praktiken hineingezogen werden konnte. Das Problem, mit dem der AdR jetzt konfrontiert ist, besteht darin, mit der Gegenreaktion fertig zu werden, die sicherlich kommen wird, wenn die Arbeitslosigkeit in Japan das Niveau der USA erreicht. Es ist unwahrscheinlich, daß die Japaner sich demütig fügen und die Arbeitslosigkeit akzeptieren werden, wie es ihre amerikanischen Kollegen bereits getan haben.

Japan ist ein schwer zu knackendes Land, aber indem der COR sein Gift langsam und dosiert verabreicht, hofft er, eine Revolution in Japan zu erreichen, die die Bevölkerung nicht aufrüttelt - mit anderen Worten, der kommende Angriff auf Japan soll nach amerikanischem Vorbild erfolgen. In den Vereinigten Staaten hat die "Aquarian Conspiracy" des Club of Rome einen erstaunlichen Erfolg erzielt. Eine zusammengefasste Version des Dokuments von Willis Harmon vom COR zu diesem Thema reicht aus, um zu verstehen, was vor sich geht:

Bilder und grundlegende Vorstellungen von der Natur und den Möglichkeiten des Menschen können eine enorme Macht bei der Gestaltung der Werte und Handlungen in einer Gesellschaft haben. Er (d.h. Harmon und der AdR) haben versucht, dies zu untersuchen, indem sie:

➢ Die Wege der Illuminaten.

➢ Erforschung der Defizite des gegenwärtigen Menschenbildes im Hinblick auf die Probleme der heutigen Gesellschaft und Ermittlung der erforderlichen Merkmale künftiger Bilder.

➢ Identifizierung von Aktivitäten auf hoher Ebene, die die Entstehung eines *neuen Bildes* (Hervorhebung hinzugefügt) und neuer politischer Ansätze zur Lösung von Schlüsselproblemen in der Gesellschaft erleichtern könnten.

Mit dem Bild des Menschen oder des Menschen im Universum bezeichnen wir die Gesamtheit der Annahmen über den Ursprung des Menschen, sein Wesen, seine Fähigkeiten und Eigenschaften, seine Beziehungen zu anderen und seinen Platz im Universum. Ein kohärentes Menschenbild kann von jedem Individuum, jeder Gruppe, jedem politischen System, einer Kirche oder einer Zivilisation vertreten werden. Die meisten Gesellschaften haben ein Bild vom Menschen, das sein soziales Wesen definiert. Ein Menschenbild ist also eine gestalterische Wahrnehmung des Menschen, sowohl des Individuums als auch des Kollektivs im Verhältnis zu sich selbst, der Gesellschaft und dem Kosmos.

Das ist blanker Unsinn, okkulter Hokuspokus, der den Unvorsichtigen täuschen soll. Die meisten Menschen gehen unbewusst von Annahmen über die Natur des Menschen aus. Aber um mit Harmons Versuch fortzufahren, uns einer Gehirnwäsche zu unterziehen:

Erst wenn diese verborgenen Annahmen erkannt und ins Bewusstsein gerückt sind, kann ein Menschenbild konstruiert werden, das sorgfältig geprüft und perspektivisch verworfen oder verändert werden kann (Hervorhebung hinzugefügt). Viele unserer heutigen Bilder scheinen gefährlich veraltet zu sein. Ein Bild mag für eine bestimmte Phase in der Entwicklung einer Gesellschaft geeignet sein, aber sobald diese Phase abgeschlossen ist, wird die Verwendung des Bildes als ständiger Leitfaden für das Handeln wahrscheinlich mehr Probleme schaffen, als es löst. Wissenschaft, Technik und Wirtschaft haben wirklich bedeutende Fortschritte bei der Verwirklichung so grundlegender menschlicher Ziele wie körperliche Sicherheit, materieller Komfort und bessere Gesundheit ermöglicht.

Viele dieser Erfolge haben jedoch das Problem mit sich gebracht, zu erfolgreich zu sein. Probleme, die innerhalb der gesellschaftlichen Wertvorstellungen, die zu ihrer Entstehung geführt haben, selbst unlösbar erscheinen. Unser hoch entwickeltes technologisches System hat zu Anfälligkeit und

Zusammenbruch geführt. Die miteinander verknüpften Auswirkungen der entstandenen gesellschaftlichen Probleme stellen nun eine ernsthafte Bedrohung für unsere Zivilisation dar.

Mit anderen Worten: Unsere westlichen Ideale, der Glaube an die Familie, die Unantastbarkeit der Ehe, der Glaube an das eigene Land, der Nationalstolz, die nationale Souveränität, der Stolz auf unsere religiösen Überzeugungen, der Stolz auf unsere Ethnie, unser Vertrauen in einen allmächtigen Gott und unsere christlichen Überzeugungen sind veraltet - so Harmon vom AdR.

Der Illuminist und Hohepriester des AdR ist der Ansicht, dass "zu erfolgreich sein" daher rührt, dass wir als Industrienation mit Vollbeschäftigung und einer Bevölkerung, die einen angemessenen Lebensstandard genießt, zu erfolgreich sind.

KAPITEL 9

EINE RÜCKKEHR IN DAS DUNKLE ZEITALTER

Harmon meinte, dass die Amerikaner dank einer Industriegesellschaft zu viel Freiheit genießen und dies zu einer Situation geführt hat, in der es einfach zu viele Menschen gibt, die deshalb eingepfercht und ausgemerzt werden müssen, damit der AdR das industrielle Wachstum und damit das Bevölkerungswachstum bremsen kann. Die Wahrheit ist, dass die christlich-abendländische Zivilisation eine Bedrohung darstellt - nicht für die Zivilisation, sondern für die okkulte theokratische Zukunft, die das Komitee der 300 für die Welt geplant hat.

Was Harmon befürwortet, ist eine Rückkehr ins finstere Mittelalter, ein neues finsteres Zeitalter, unter einer Diktatur der einen Weltregierung.

Harmon, der Hohepriester des AdR, entwarf ein Szenario, das in direktem Widerspruch zu Gottes Gesetz steht, das besagt, dass wir fruchtbar sein und uns die Erde untertan machen sollen, nicht zum Nutzen des AdR und des Ausschusses der 300, sondern für die Freiheit unseres Volkes in den Vereinigten Staaten und anderer, die ihre nationale Identität respektieren wollen.

Die Luziferianer, denen Harmon dient, die Mitglieder des Dionysos-Kultes, die "Olympier" - sie sagen: "Nein, wir wurden hierher versetzt, um die Erde zu beherrschen, und wir allein werden ihre Vorteile genießen." Der Hohepriester Harmon kommt zu folgendem Schluss:

Wir müssen das industriell-technische Bild des Menschen

schnell ändern. Unsere Analysen der Probleme der heutigen Gesellschaft führen zu der Schlussfolgerung, dass die Bilder vieler Menschen, die in den letzten zwei Jahrhunderten vorherrschten, für das postindustrielle Zeitalter unzureichend sein werden. Das Menschenbild, das dieser neuen Welt angemessen ist (nicht neu - das Konzept, ein satanisches, ist viertausend Jahre alt), muss gesucht, synthetisiert und dann in die Gehirne der Menschen eingepflanzt werden.

Das aus der italienischen Renaissance stammende Bild des ökonomischen Menschen, des Individualisten, des Materialisten, der nach objektivem Wissen strebt, ist unangemessen und muss verworfen werden. Der Industriestaat hat heute einen ungeheuren Antrieb, aber keine Richtung, eine wunderbare Fähigkeit, das Ziel zu erreichen, aber keine Ahnung, wohin es geht. Irgendwie hat der Zusammenbruch der alten Bilder eher zu Verzweiflung geführt als zu einer Suche nach einem neuen Bild. Trotz des Pessimismus, den ein zurückgebliebenes vorherrschendes Bild impliziert, gibt es zahlreiche Anzeichen dafür, dass sich ein neues, vorausschauendes Bild der Menschheit abzeichnet.

Was dieser Hokuspokus wirklich bedeutet - was Harmon wirklich sagte - war, dass industrialisierte Gesellschaften wie die Vereinigten Staaten und Japan zerstört werden müssen, da die industrialisierte Gesellschaft unkontrollierbar geworden ist. Mit der Zerstörung der Industrie, so Harmon, würde die Zerstörung all unserer grundlegenden Moral, unseres grundlegenden Glaubens an Gott und das Vaterland, unserer christlich geprägten Kultur einhergehen, was rasch zur Rückkehr in die Welt einer **okkulten Theokratie** des neuen dunklen Zeitalters führen werde, so COR-Hochpriester Harmon:

... Neunzehn Menschenbilder beherrschen verschiedene Epochen, und aus jedem extrahiert er solche Merkmale, die er für nützlich hält, um das industrielle technologische Bild zu ersetzen, Programme, die der AdR und das Komitee zu emulieren hoffen und die die Menschen der Welt - diejenigen, die als geistlose Sklaven übrig bleiben, nachdem die Ausmerzung von Global 2000 stattgefunden hat - in ein neues

*dunkles Zeitalter - die sogenannte Neue Weltordnung -
verwandeln werden.*

Nach dem Harmon-Plan soll der Mensch als Teil des Tierreichs
identifiziert werden. Harmon sagt, dass die herrschende Elite
nach dem postindustriellen Bild geordnet ist und das
alttestamentarische Bild vom Menschen als Herrscher über die
gesamte Natur fallen gelassen werden muss, da es gefährlich ist.

Vielmehr wird das zoroastrische Bild bevorzugt. Das indisch-
asiatische System des Yoga ist dem Christentum vorzuziehen -
so Harmon -, da es die erforderliche "Selbstverwirklichung"
herbeiführen wird. Dieser Euphemismus ist lediglich ein Mittel,
mit dem Harmon andeuten will, dass das Christentum durch
okkulte Überzeugungen ersetzt werden muss, wie sie von den
Mitgliedern der Isis-Osiris und des Dionysos-Kultes praktiziert
wurden. Das christliche Menschenbild müsse ersetzt werden, so
der Hohepriester Harmon. Der Mensch muss aufhören zu
glauben, dass er Gott braucht. Es ist höchste Zeit für den
Menschen zu glauben, dass er sein Schicksal selbst in der Hand
hat und auf eigenen Füßen stehen kann.

Was in unseren christlichen Kirchen heute fehlt, ist das Wissen
und das Verständnis für das Okkulte und die okkultistischen
Geheimgesellschaften, die überall zu finden sind. Unsere
christlichen Lehrer und Leser müssen sich auf dem Gebiet der
religiösen Theokratien auskennen und wissen, wohin sie die
Kirche Christi führen.

Anstatt die Schönheit und Reinheit der Renaissance zu
verwerfen, müssen wir uns umso mehr an sie klammern und ihr
unschätzbares Erbe schützen. Im Folgenden werden einige der
von Harmon befürworteten Schritte skizziert, um die Pläne des
AdR für eine neue Weltordnung in die Tat umzusetzen:

> ➢ Beteiligung der Jugendlichen an den politischen
> Prozessen.

- ➤ Die Befreiungsbewegungen der Frauen.
- ➤ Schwarzes Bewusstsein.
- ➤ Rebellion der Jugend gegen "Missstände" in der Gesellschaft.
- ➤ Größeres Interesse an der sozialen Verantwortung der Unternehmen.
- ➤ Die Kluft zwischen den Generationen.
- ➤ Voreingenommenheit der Jugendlichen gegenüber Industrie und Technologie.
- ➤ Experimentieren mit neuen Familienstrukturen (d. h. Alleinerziehende, homosexuelle "Paare" und lesbische "Haushalte").
- ➤ Es müssen konservative Ökologiegruppen gebildet werden.
- ➤ Das Interesse an den östlichen Religionen soll in Schulen und Universitäten geweckt werden.

Diese Punkte des Harmon-Manifests lassen sich fast mit dem Kommunistischen Manifest von 1848 überlagern. Es gibt zwar geringfügige Unterschiede im Stil und nicht in der Substanz, aber die grundlegende Prämisse, dass die Welt ein sozialistischer Staat werden muss, der zum Kommunismus fortschreitet, ist ein gemeinsamer Nenner in beiden Dokumenten. Das zugrundeliegende, verborgene Thema ist dasselbe, das die Kommunisten-Bolschewiken lehrten: "Wer sich uns in den Weg stellt, tut dies auf eigene Gefahr. Die Taktik des Terrors ist unsere Taktik, und wir werden sie ohne Furcht und Gunst anwenden. Wir werden euch eliminieren, wenn ihr euch uns widersetzt." Wie ich bereits sagte, ist das New-Age-Ideal, wie es von Harmon dargelegt wird, Tausende von Jahren alt. Die Druiden verbrannten Menschen in Weidenkörben als Opfer für ihre Götter und ihre Priesterinnen ließen das Blut ihrer Opfer in Eimer fließen.

Die Französische Revolution kostete Hunderttausende von unschuldigen Opfern, ebenso wie die bolschewistische Revolution. Die Kommunisten waren stolz auf die Art und Weise, wie sie Millionen von Christen gefoltert und ermordet haben. Was lässt uns glauben, dass der KOR, eine **okkulte Theokratie**, nicht das Gleiche tun wird, wenn er die Gelegenheit dazu bekommt? Das sind die mörderischen, geistig toten Menschen, mit denen wir es zu tun haben, die Menschen, die von Christus als die Herrscher der Finsternis beschrieben werden, die Bösen in der Höhe, und es ist höchste Zeit, dass jeder von uns, ob Japaner oder Amerikaner, zu den Gefahren erwacht, denen die Zivilisation ausgesetzt ist.

Als dieser Angriff auf Gott und die Menschheit 1974 von Harmon aufgezeichnet wurde, achteten die vierzehn Prinzipien, die hinter Harmon standen, darauf, keine direkte Beteiligung der verschiedenen Institutionen zu enthüllen, die sie als Rammbock für die Gegenkultur herstellen, einrichten und an die Öffentlichkeit bringen wollten. Im Rausch der Macht und in der Erwartung einer fügsamen amerikanischen Öffentlichkeit, die nicht reagieren würde, beschloss Harmon, Marilyn Ferguson als Fassade zu benutzen, um die Katze aus dem Sack zu lassen.

Harmon entschied sich für Marilyn Ferguson, eine völlig unbekannte, untalentierte Frau, die als angebliche Autorin von "The Aquarian Conspiracy" (Die Wassermann-Verschwörung), einer Übersetzung in ein fiktives Buch, Berühmtheit erlangte, aber Harmon verschwieg der Öffentlichkeit, dass Ferguson und alle anderen Teilnehmer lediglich von der COR angeheuert wurden und dass es die COR war, die die *Wassermann-Verschwörung* ins Leben rief.

Diese neue Version einer jahrhundertealten Verschwörung erblickte 1960 das Licht der Welt und breitete sich während des Jahres 1968 wie ein Krebsgeschwür in der Politik aus, indem sie die postindustrielle Botschaft einer Gegenkultur verbreitete, die sich auf okkulte Geheimbünde stützte, deren Namen Legion sind.

Die Gründer wurden bereits benannt. Ihre offiziellen Organe waren das Tavistock Institute, das Institute of Social Relations und das Stanford Research Center, wo die angewandte Sozialpsychiatrie eine zentrale Rolle bei der Bildung und Anleitung der NATO zur Annahme der langfristigen Strategie des COR spielte, die vom Establishment als Aquarian-New Age-Bewegung bezeichnet wurde.

Viele Menschen haben mir im Laufe meiner Karriere geschrieben und mich gefragt, warum ich nicht über die "Neue Weltordnung" geschrieben habe. Nun, ich habe seit 1969 über diese und viele andere Themen geschrieben. Das Problem war, dass die Leute jemandem, der so unbekannt war wie ich, damals nicht zuhörten. Aber als ein Verrückter wie Marilyn Ferguson, der sich auf die Macht der Rockefeller Foundation stützte, mit genau dem auftauchte, wovor ich gewarnt hatte, fragten sie: "Wo warst du; warum hast du uns das nicht gesagt?"

Die Wahrheit ist, dass ich die Aufmerksamkeit derjenigen, die meine Arbeit abonniert haben, auf das Neue Zeitalter des Wassermanns, den Club of Rome und das Komitee der 300 gelenkt habe, lange bevor diese Namen die Aufmerksamkeit anderer erlangten - zehn bis fünfzehn Jahre zuvor, um genau zu sein.

Im Nachhinein betrachtet waren meine Berichte Jahre vor ihrer Zeit, lange bevor diese Dinge anderen rechten Autoren in Amerika bekannt waren.

Einer der früheren Angriffe auf die Vereinigten Staaten begann mit der kubanischen Raketenkrise, als John F. Kennedy den Rat des Tavistock-Instituts, des CFR, des Rand-Instituts und von Stanford ablehnte. Das machte Kennedy zu einem Mann, der zur Eliminierung bestimmt war. Seine Ermordung, die immer noch durch Schwaden von widersprüchlichen Berichten verschleiert wird, ist eine große Beleidigung für das amerikanische Volk. Was ich über die Täter dieses abscheulichen Verbrechens weiß, habe ich in meinem Buch "Das Komitee der 300" erzählt, das im

Januar 2007 in überarbeiteter und aktualisierter Form veröffentlicht wurde.

Kennedy verfolgte eine Verteidigungsstrategie der "flexiblen Reaktion", die sich nicht auf die psychologische Kriegsführung stützte, die vom politischen Flügel der NATO über die Planer des Zivilschutzes betrieben wurde. Kennedy entschied sich jedoch dafür, den Zivilschutz zurückzufahren und stattdessen ein massives neues Raumfahrtprogramm zur technologischen Aufrüstung der amerikanischen Industrie voranzutreiben. Damit unterzeichnete Kennedy sein Todesurteil. Beobachten Sie die Macht der Kräfte der Theokratie der Einen Welt und der Neuen Weltordnung. Sie haben nicht gezögert, den Präsidenten der Vereinigten Staaten im November 1963 zu ermorden.

Anfang 1963 unterzeichnete ein gewisses Attentatsbüro, dessen Namen ich nicht preisgeben darf, einen Vertrag mit dem Tavistock Institute of Human Relations. Man beachte die falsche Verwendung des Wortes "menschliche Beziehungen". Der Vertrag wurde an mehrere US-Tochtergesellschaften von Tavistock vergeben, insbesondere an Stanford Research, das Institute of Social Relations und die Rand Corporation.

Tavistock hat dann die Ergebnisse der von diesen Denkfabriken durchgeführten "wissenschaftlichen Studien" veröffentlicht und die Informationen an den politischen Flügel der NATO weitergeleitet.

Diejenigen von Ihnen, die ihre Hoffnungen in die NATO setzen, sollten sich besser darüber im Klaren sein, was vor sich geht. Die NATO ist ein Geschöpf des AdR und gehorcht diesem organisierten Dienergremium des Ausschusses der 300.

KAPITEL 10

GEHEIMBÜNDE REGIEREN HINTER DEN KULISSEN

Im Anschluss an diese Entwicklung berichtete Dr. Anatol Rappaport, Chefredakteur des Tavistock *Human Relations Magazine*, 1966, dass das Weltraumprogramm der NASA überflüssig sei und dass die Vereinigten Staaten in Weltraumprogrammen herumtüftelten, obwohl sie das Geld für Studien zur "menschlichen Qualität" hätten ausgeben sollen.

Es wurde erwartet, dass der Bericht des Human Relations Magazine die öffentliche Meinung in den Vereinigten Staaten gegen das Raumfahrtprogramm wenden würde. Nach der Ermordung Kennedys sah es eine Zeit lang so aus, als ob unser Raumfahrtprogramm aufgegeben werden würde, doch dann kam der überwältigende Wahlsieg von Ronald Reagan im November, der zu einem beispiellosen Treffen hochrangiger Führungskräfte des COR in Washington im November 1980 führte.

Wie ich in meinen Vorträgen und Schriften seit 1969 oft angedeutet habe, wird die Welt von ganz anderen Menschen regiert als denen, die wir von außen sehen - eine Beobachtung, die zuerst von Lord Beaconsfield (Disraeli) bekannt gemacht wurde. Von Zeit zu Zeit werden wir vor der Wahrheit dieser Beobachtung gewarnt, allerdings auf verschleierte Art und Weise. Es scheint, dass die Möchtegern-Herrscher der Eine-Welt-Regierung manchmal nicht in der Lage sind, sich zurückzuhalten, wenn sie einen großen Sieg errungen haben.

Ein Beispiel dafür, was ich meine, stammt von Colonel Mandel

House, dem Kontrolleur der Präsidenten Wilson und Roosevelt. House schrieb ein Buch, *Phillip Drew: Administrator,* angeblich Fiktion, aber in Wirklichkeit ein detaillierter Bericht darüber, wie die geheime Regierung der Vereinigten Staaten in die Sklaverei einer Eine-Welt-Regierung/Neue Weltordnung verkauft werden sollte.

Disraeli, der legendäre britische Premierminister und große parlamentarische Protegé der Rothschilds, gab einen Bericht über die Arbeitsweise der geheimen Regierung Großbritanniens mit dem Titel *Conningsby* heraus, der darauf hinwies, dass geheime Gruppen, die die britische und die US-amerikanische Regierung kontrollieren, die Welt beherrschen wollen. Geheimgesellschaften sind und bleiben die Nemesis der freien Welt. Solange wir eine so große Anzahl von Geheimgesellschaften in unserer Mitte haben, sind wir keine freien Menschen. Kein noch so großes Fahnenschwenken und kein noch so großer Paukenschlag des Patriotismus am 4. Juli kann an dieser nackten Wahrheit etwas ändern.

Die Geheimgesellschaften haben Anführer, die die Welt hinter den Kulissen regieren, und wenn wir die aktuellen Ereignisse in Politik und Wirtschaft verstehen wollen, sollten wir uns mit den Geheimgesellschaften gut auskennen.

Der Club of Rome (COR) ist nur eine Erweiterung, eine fortlaufende Allianz der alten Familien des Schwarzen Adels in Europa, die von okkulten Überzeugungen und Praktiken beherrscht werden, die Tausende von Jahren zurückreichen. Der alte Ritus der Mizraim aus Ägypten (vor der Ankunft der Söhne Noahs), Syrien, Babylon und Persien wurde von den venezianischen und britischen Oligarchen nach Europa gebracht.

Die Bogomilen, die Katharer - das sind die Arten von "religiösen Überzeugungen", die einen Angriff auf die christlichen Ansichten und die westlichen Prinzipien nach sich zogen. Die östliche Liebe zur Intrige wurde in den Westen verpflanzt, mit Ergebnissen, die so weitreichend sind, dass sie sich jeder

Beschreibung entziehen und oft den Rahmen unserer Vorstellungskraft sprengen.

Der Schaden, den diese Geheimgesellschaften anrichten, ist gewaltig. Wir wissen zum Beispiel, dass der Krimkrieg aus einer Laune der Freimaurerei heraus begonnen wurde, und der Erste und Zweite Weltkrieg folgten in ähnlicher Weise. Wir können nie genau wissen, inwieweit die dunklen, geheimen Kräfte der Geheimgesellschaften in unserer Mitte das aktuelle Geschehen beeinflussen.

Der Burenkrieg, der wahrscheinlich wichtigste Krieg des 20. Jahrhunderts, weil er Geheimgesellschaften und ihre Mysterienreligionen gegen eine freiheitsliebende christliche Nation patriotischer Menschen aufbrachte, Aggressoren, deren Absicht es war, den Buren ihr neu entdecktes Gold zu rauben. Einer der mächtigsten Männer in der britischen Politik während dieser unziemlichen Periode in der Geschichte Großbritanniens war Lord Palmerston, der vielen Geheimgesellschaften angehörte und dessen Führung des Parlaments von der Freimaurerei beeinflusst war. Palmerston selbst gab zu, dass dies der Fall war.

Deshalb müssen wir, das Volk, aufwachen und uns der Tatsache bewusst werden, dass wir es mit geistig bösen Menschen in hohen Positionen zu tun haben. Wir haben es nicht nur mit physischen Wesen zu tun. Die unsichtbare Macht ist stärker als die sichtbare Macht. Diese Kräfte kontrollieren die Vereinigten Staaten, und wir sehen es an der Tatsache, dass mehr als 75 Prozent der demokratischen Mitglieder des Repräsentantenhauses und des Senats durch und durch Sozialisten sind.

Harlan Cleveland

Das vielleicht bekannteste Mitglied des USACOR ist Harlan Cleveland, ehemaliger Botschafter der USA bei der NATO in den 1960er Jahren und ehemaliger stellvertretender Vorsitzender des

Atlantikrats, der wichtigsten Vertretung der NATO in den Vereinigten Staaten.

Cleveland leitete das Büro des Aspen Institute for Humanistic Studies in Princeton, New Jersey, der amerikanischen Niederlassung des Tavistock Institute of Human Relations. Aspen ist angeblich ein "Think Tank", der sich mit Umweltfragen befasst, aber das ist nur ein Feigenblatt, ein Rauchvorhang, um seine wirklichen Aktivitäten zu verbergen - den Krieg gegen die Industrie und Landwirtschaft der Vereinigten Staaten.

William Watts

Er ist Mitglied des Atlantic Council und Direktor von Tomack Associates, der Tarnorganisation für die Verbreitung der COR-Studie *"Grenzen des Wachstums"* (1972-1973), die angeblich aufzeigt, wie Industrie und "übermäßige landwirtschaftliche Entwicklung" die Ökologie ruinieren. Watts ist für die Verbreitung von Aspens verkappter Version der alten Thomas-Malthus-Theorie des Nullwachstums zuständig, die in Wirklichkeit auf den antiken Dionysos-Kult zurückgeht.

George McGee

McGee, Mitglied des Atlantic Council, ist ein ehemaliger Unterstaatssekretär für politische Angelegenheiten der NATO und ehemaliger US-Botschafter in der Türkei. Später diente er als US-Botschafter in Bonn, Deutschland.

Claiborne K. Pell

Pell war Senator der Vereinigten Staaten von Rhode Island und ehemaliger parlamentarischer Vertreter der Vereinigten Staaten im Atlantikrat. Pell ist ein starker Befürworter der Politik des AdR, dass die NATO-Truppen die Durchsetzung von Umweltstandards in der ganzen Welt überwachen sollten. Pell unterstützt nachdrücklich die Deindustrialisierung aller

Nationen, einschließlich der Vereinigten Staaten. Er hat oft seine Sympathie für Russells Theorie der Ausmerzung der "Überbevölkerung" zum Ausdruck gebracht. Pell war zusammen mit Cyrus Vance an der Ausarbeitung des Global 2000 Reports beteiligt. Pell arbeitet mit Cyrus Vance und NATO-Generalsekretär Joseph Lunz zusammen und nimmt häufig an Bilderberg-Treffen teil.

Donald Lesh

Lesh, ein ehemaliger Mitarbeiter von Tomack Associates, ist Exekutivdirektor von USACOR. Er war auch einmal in der National Security Agency (NSA) tätig und half Kissinger, den europäischen Apparat der NSA aufzubauen, wobei er mit Helmut Sonenfelt zusammenarbeitete, der seit der Entdeckung der Bamberger Akten mit Kissinger wie ein siamesischer Zwilling verbunden ist. William Highland, der als Sowjetspezialist angepriesen wurde, arbeitete ebenfalls für das europäische Büro der NSA.

Sol Linowitz

Linowitz, der vor allem für die Ausarbeitung des betrügerischen, verfassungswidrigen Panamakanalvertrags bekannt ist, wurde zu einem Vertrauten von Carter und genoss hohes Ansehen bei der Xerox Corporation und ist Mitglied des Komitees der 300.

J. Walter Lew

Levy ist der hauseigene Ölanalyst des New Yorker Council on Foreign Relations (CFR), ein Direktor des Atlantic Council und Mitglied der Bilderberg-Gruppe. Levy hat das Programm für die Brandt-Kommission der internationalen sozialistischen Politiker ausgearbeitet. Obwohl Brandt fast immer betrunken ist, ist er dennoch einer der gefährlichsten Sozialisten der heutigen Szene.

Joseph Slater

Slater ist Direktor des Aspen Institute, der sozialistischen Zentrale des Komitees der 300 in den Vereinigten Staaten. Er war früher US-Botschafter bei der NATO. Dies sind einige der Hauptakteure in einem Nest von Aufrührern, die sich in den Vereinigten Staaten befinden. Ihre Hauptaufgabe besteht darin, den vom COR entwickelten Plan des postindustriellen Nullwachstums zu beschleunigen und die ehemaligen Industriestädte des Nordostens unter dem Titel "Unternehmenszonen" in Sklavenarbeitseinrichtungen zu verwandeln. Ein Ziel war das SDI-Programm von Präsident Reagan, das der MAD-Strategie von Kissinger und Robert McNamara für immer ein Ende setzen würde. Die NATO wird eingesetzt, um alle Aspekte des antiamerikanischen Programms zu bündeln.

KAPITEL 11

DIE NASA UND DER CLUB OF ROM

Ein Beispiel dafür war die Beteiligung der USA am Malwinen-Krieg (Falkland-Krieg), als die Vereinigten Staaten Unterstützungseinrichtungen bereitstellten, die es den britischen Streitkräften ermöglichten, Argentinien zu besiegen, das aufgrund seines ausgezeichneten Exportprogramms für Kernkraftwerke in die Knie gezwungen wurde.

Eine der wichtigsten Errungenschaften des amerikanischen Club of Rome war es, das Raumfahrtprogramm aus dem Militär herauszulösen und es der NASA, einer zivilen Einrichtung, zu übertragen. Der ehemalige Präsident Eisenhower kam den Anweisungen aus London zur Umsetzung dieser Änderung nur zu gerne nach.

Doch dieser Schritt könnte nach hinten losgegangen sein. Im Mai 1967 stellte eine vom Tavistock Institute of Human Relations durchgeführte Studie über die NASA fest, dass sich die NASA zu einem wichtigen Arbeitgeber für industrielles und wissenschaftliches Personal entwickelt hatte, was das genaue Gegenteil der Entindustrialisierungspläne des COR war. Der Tavistock-Bericht ließ in den Büros der Aufwiegler und Verräter von Colorado über Washington bis New York die Alarmglocken läuten.

Ihre Antwort war ein "ausgewählter Ausschuss" unter der Leitung von NATO Robert Strauss Haptfz, dem US-Botschafter bei der NATO. Die Aufgabe des Ausschusses bestand darin, sofort Maßnahmen zur Schadensbegrenzung zu ergreifen, die die

NASA lahmlegen sollten. Es wurde eine Sitzung einberufen, um das so genannte "transatlantische technologische Ungleichgewicht und die Zusammenarbeit" zu erörtern. Das Treffen fand in Deauville, Frankreich, statt und wurde von Aurellio Peccei und Zbigniew Brzezinski besucht.

Die Versammlung von Aufrührern und Feinden des Volkes der Vereinigten Staaten wurde von den Medien bequemerweise übersehen, und zwar von denselben Medien, die sich später mit aller Macht darum bemühen würden, Präsident Nixon aus dem Weißen Haus zu entfernen - und damit auch Erfolg hatten.

Bei diesem Treffen erhielt Brzezinski die Inspiration für sein Buch *Between Two Ages: The Technotronic Era"*, das ich in meinem Buch "*Das Komitee der 300"* ausführlich zitiert habe.

In diesem Buch entwirft Brzezinski das Ideal einer sozialistischen Neuen Weltordnung, die auf Orwellschen Konzepten beruht: eine Welt, die von einer intellektuellen Elite und einer Superkultur regiert wird, die sich auf ein Netz elektronischer Kommunikation stützt, in einem Konzept des Regionalismus mit symbolischer nationaler Souveränität.

Die Konferenz von Deauville kam zu dem Schluss, dass es eine Annäherung der Ideale zwischen den Vereinigten Staaten und der UdSSR geben müsse (eine Idee, die von Stalin, der dem Ausschuss der 300 ein echter Dorn im Auge war, strikt abgelehnt wurde).

Die "Konvergenz" würde eine Eine-Welt-Regierung hervorbringen, die die globalen Angelegenheiten auf einer echten Grundlage des Krisenmanagements und der globalen Planung regeln würde. Es sei daran erinnert, dass dieser Vorschlag von Rockefeller von Stalin verschmäht wurde und seine Weigerung, sich der Neuen Weltordnung anzuschließen, zum Koreakrieg führte.

Selbst die verdrehte, zensierte, mit Ungenauigkeiten gespickte Geschichte des Zweiten Weltkriegs, die von bezahlten Rockefeller-Autoren geschrieben wurde, zeigt, dass die Vereinigten Staaten den Kommunismus nie bekämpft haben. Wie auch, wenn die Elite der Wilson-Ära und die Wall-Street-Banker diejenigen waren, die Lenin und Trotzki in Absprache mit Lord Alfred Milner und den Bankiers der City of London an die Macht brachten?

Der Zweite Weltkrieg war eine erfundene Situation. Hitler wurde von den Bankern der Wall Street und der City of London eingesetzt, angeblich um Stalin in die Enge zu treiben und ihn zu unterwerfen, nachdem dieser begann, die Angebote zur Errichtung einer "gemeinsamen Weltherrschaft" abzulehnen.

Stalin traute den, wie er es nannte, "Washingtoner Kosmopoliten" nicht. Hitler wurde vernichtet, weil er sich gegen seine Kontrolleure wandte, die dann in ihrer dialektischen Art und Weise Stalin bis zum Äußersten unterstützten, was sie als die geringere Gefahr von beiden ansahen. Da die internationalen Bankiers Hitler nicht kontrollieren konnten, mussten sie ihn vernichten.

Das Endergebnis des Zweiten Weltkriegs war die Entstehung eines stärkeren, mächtigeren kommunistischen Systems, das in der Lage war, seine Tentakel über den gesamten Globus zu spannen. Die Sowjetunion wurde von einer regionalen Macht zu einer globalen Macht.

Der Zweite Weltkrieg kostete Millionen von Menschenleben und Milliarden von Dollar, und das alles wegen des schockierenden Missbrauchs von Ressourcen durch Männer mit grandiosen Plänen zur Beherrschung der Welt, und ich spreche nicht von Hitler und Stalin. Ich spreche vom CFR, dem RIIA, dem Club of Rome und dem Komitee der 300. Wenn mir jemand eine Liste der angeblichen Vorteile des Zweiten Weltkriegs geben oder die "Freiheiten" erklären kann, die er den Menschen in Amerika oder Europa gebracht hat, würde ich das gerne von ihm hören.

Soweit ich das beurteilen kann, ist die Welt heute tausendmal schlechter dran als 1939. Als Folge des Zweiten Weltkriegs hat der Sozialismus in den Vereinigten Staaten Einzug gehalten. Unsere Industrien wurden zerstört; Millionen von Arbeitern haben ihre Arbeit verloren. Wir können nicht Hitler (oder Stalin) die Schuld für diesen Zustand geben. Peccei brachte es auf den Punkt, als er sagte:

> ... *Seit sich das Jahrtausend in der Christenheit nähert, sind Massen von Menschen wirklich in Spannung über bevorstehende Ereignisse von unbekannten Dingen, die ihr kollektives Schicksal völlig verändern könnten. Der Mensch weiß nicht, wie er ein wirklich moderner Mensch sein soll.*

Peccei sagte uns, dass die Sektierer, die Esoteriker und die New Ager wissen, was gut für uns ist, und dass wir uns besser dem Diktat der Neuen Weltordnung beugen sollten oder zerstört werden.

Wir müssen lernen, mit den *Grenzen des Wachstums* des AdR zu leben und uns im Rahmen dieser Grenzen zu verhalten, die auch eine Begrenzung der Religionen beinhalten, denen wir folgen können. Wir müssen lernen, mit den Beschränkungen zu leben, die der AdR unserer Wirtschaft auferlegt, und nicht gegen die neue Währungsordnung zu rebellieren.

Wir müssen auch die Vorstellung akzeptieren, dass wir entbehrlich sind. Peccei sagt, dass "der Mensch die Geschichte vom bösen Drachen erfunden hat, aber wenn es jemals einen bösen Drachen auf der Erde gab, dann ist es der Mensch selbst".

Peccei verrät dann den ganzen Spielplan:

> *Seit der Mensch die Büchse der Pandora mit neuen Technologien geöffnet hat, leidet er unter unkontrollierter menschlicher Vermehrung, Wachstumswahn, Energiekrise, realen Knappheiten, Umweltzerstörung, nuklearem Wahnsinn und unzähligen anderen Leiden.*

KAPITEL 12

DAS CHAOS DER GELDSYSTEME

In diesen wenigen Worten findet sich der gesamte Plan für die Menschheit, den der AdR für das Komitee der 300 entworfen hat. Damit ist die am häufigsten gestellte Frage kurz und bündig beantwortet: *"Warum sollten sie diese Dinge tun wollen?"* Hier haben wir es mit einem Esoteriker schlimmsten Ausmaßes zu tun, der den Menschen erzählt, dass der COR im Namen seiner Meister vom Komitee der 300 weiß, was das Beste für die ganze Welt ist.

Nicht lange nach seiner Rede übernahm Peccei das "World Dynamics"-Modell, das von Jay Forrester und Dennis Meadows für das Komitee der 300 konstruiert worden war. Dabei handelt es sich um ein globales Planungsmodell, mit dem angeblich die Unhaltbarkeit komplexer Systeme nachgewiesen werden sollte, um zu zeigen, dass in der Weltwirtschaft kleinräumigere Strukturen vorherrschen sollten. Zu diesem Zweck stützt sich der Meadows-Forrester-Bericht natürlich ausschließlich auf die negativen, restriktiven Wirtschaftsstudien von Malthus und Adam Smith, dem britischen Ostindien-Ökonomen, der die britische "Freihandelspolitik" formulierte.

Die mythische Wirtschaft von Forrestor Meadows ignoriert den Erfindungsreichtum des Menschen, der einen endlosen Vorrat an neuen Mineralien und Ressourcen finden wird, von denen wir noch nichts wissen. Was unsere Ressourcen tatsächlich erschöpft, ist Papiergeld, wenn man überhaupt etwas aus Papier "Geld" nennen kann.

Das Geldsystem der Vereinigten Staaten ist dank der Einmischung der Oligarchen, deren Ziel es ist, uns alle zu Sklaven zu machen, ein gigantisches Chaos.

Nur ungedecktes Papiergeld fügt den natürlichen Ressourcen der Erde Schaden zu, und mit ungedeckt meine ich, dass die US-Dollars nicht durch Silber und Gold gedeckt sind, wie es die Verfassung der Vereinigten Staaten von Amerika vorsieht. In der Tat gibt es in den Vereinigten Staaten derzeit kein gesetzliches Geld, und das war auch nicht der Fall, seit es den Federal Reserve Act gibt.

Es ist kein Wunder, dass wir in einem solchen finanziellen Schlamassel stecken, wenn es einem privaten Konsortium (der Federal Reserve Bank) erlaubt wurde, unser Geld in die Hand zu nehmen und es auf jede erdenkliche Weise zu verwenden, ohne dass die Menschen, denen es gehört, auch nur die geringste Kontrolle darüber haben.

Eine auf Gold und Silber basierende Wirtschaft wird die natürlichen Ressourcen erneuern und recyceln. Bei der Kernspaltung würde eine auf Kernspaltung basierende Gesellschaft neue Möglichkeiten eröffnen. Doch Meadows und Forrestor ignorierten die Magie der Fusionsfackel. Wie der AdR neue Technologien ignorieren konnte, ist leicht zu erklären. Sie wollten sie ganz einfach nicht.

Neue Technologien bedeuten neue Arbeitsplätze und eine wohlhabendere Bevölkerung. Mehr Wohlstand bedeutet eine Zunahme der Bevölkerung Nordamerikas, die nach Ansicht der Sprecher des Ausschusses unerwünscht und eine Bedrohung für das Leben auf der Erde ist!

Die Wahrheit ist, dass wir noch nicht einmal begonnen haben, die natürlichen Ressourcen der Erde zu nutzen. Das gesamte Konzept des neuen dunklen Zeitalters und der neuen Weltordnung, von Russell über Peccei bis hin zu Meadows und

Forrestor, hat einen fatalen Fehler und ist darauf ausgelegt, das industrielle Wachstum, die Schaffung von Arbeitsplätzen und schließlich die Ausmerzung der Weltbevölkerung zu verzögern.

(ANMERKUNG: Die Konferenz der Vereinten Nationen zur Bevölkerungskontrolle, die im August 1994 in Kairo stattfand, war nur eine Erweiterung des Global 2000-Plans, bis zum Jahr 2010 2,5 Milliarden Menschen zu töten).

Zum Thema Kernkraft sagte Peccei:

> *Ich bin pessimistischer und radikaler als meine Freunde, wenn es um die Beurteilung der nuklearen Lösung geht. Ich bin nicht in der Lage zu beurteilen oder auch nur zu vermuten, ob diese Lösung für die menschliche Gesellschaft sauber, sicher und zuverlässig sein kann, wie viele Wissenschaftler und fast die gesamte politische Klasse und Industrie behaupten.*

> *Ich bin jedoch bereit zu argumentieren, dass das, was nicht zuverlässig, sicher und sauber genug ist, **die menschliche Gesellschaft selbst ist.** Ich habe viele Seiten damit verbracht, ihren Zustand der Unordnung zu beschreiben, ihre Unfähigkeit, sich selbst zu regieren, rational und menschlich zu handeln und die Spannungen abzubauen, die sie auseinanderreißen, und deshalb kann ich nicht glauben, dass sie in ihrem derzeitigen Zustand nuklear werden kann.*

Dies ist fast eine Kopie dessen, was die Umweltschützer über die Kernenergie sagen, die zufällig die billigste, sauberste und sicherste Energiequelle ist, die der Welt zur Verfügung steht.

Es ist auch ein Instrument, das Millionen neuer, stabiler und langfristiger Arbeitsplätze schaffen würde.

> *Ich kann mir nicht vorstellen, dass dieselbe Gesellschaft innerhalb weniger Jahrzehnte in der Lage sein wird, mehrere Tausend riesige Kernkraftwerke sicher zu beherbergen und zu schützen und auch nur ein Viertel des tödlichen Plutoniums 239 über den Planeten zu transportieren und zu verarbeiten, was*

zehntausendmal mehr wäre, als es bräuchte, um uns alle heute lebenden Menschen zu töten.

Dass die Menschheit in die Atomenergie einsteigt, ohne zuvor in ihrem gesamten menschlichen System auf ihr rücksichtsloses und unverantwortliches Verhalten vorbereitet zu sein, ist die Frage; die wirklichen Probleme sind nicht technischer oder wirtschaftlicher, sondern politischer, sozialer und kultureller Natur.

Diejenigen, die heute nur von kleinen Dosen der harten Nukleardroge, wie ich sie genannt habe, berauscht sind und ein Programm zur Verbreitung dieser Droge in der Gesellschaft vorantreiben, verurteilen in Wirklichkeit ihre Erfolge dazu, morgen ganz von ihr zu leben.

Und warum auch nicht! Die Kernenergie ist die größte Entdeckung, die die Welt je gemacht hat. Sie wird uns befreien. Deshalb kämpfen die Feinde der Menschheit, der Club of Rome, an allen Fronten, um die Kernenergie herabzustufen und zu behaupten, sie sei eine so große Gefahr für uns. Die Kernenergie ist sicher. Bislang ist noch niemand bei der Arbeit in einem solchen Kraftwerk durch Kernenergie ums Leben gekommen.

Sie wird uns große Freiheit geben, sie wird unsere industriellen Kapazitäten wiederbeleben - sie wird ihnen neues Leben einhauchen - und sie wird uns als Individuen größere Freiheit geben, weil Millionen von uns langfristige, gut bezahlte Arbeitsplätze haben werden. Größere Freiheit ist dem Club of Rome ein Gräuel. Der Club of Rome will weniger persönliche Freiheit, nicht mehr davon. Das ist die Quintessenz in der Frage der Kernenergie.

Peccei lehnte die Kernspaltung in einem Satz ab und sagte:

Ihre Durchführbarkeit muss erst noch bewiesen werden, aber kein Zukunftsplan kann derzeit verlässlich darauf beruhen. Es ist unwahrscheinlich, dass Energie im Überfluss vorhanden, preiswert und ökologisch und sozial unbedenklich sein wird.

Wenn reichlich billige, saubere Energie zur Verfügung stünde, wären die Aussichten für technologieintensive Lösungen für Lebensmittel und Materialien sehr gut.

Der Club of Rome will nicht, dass wir unsere technologischen Fähigkeiten ausbauen, mehr Nahrungsmittel produzieren und einen besseren Lebensstandard erreichen.

Er hat ein Programm mit der Bezeichnung Global 2000 entworfen, das den Tod von 2 Milliarden Menschen bis zum Jahr 2010 vorsieht, obwohl die Zahl, die ich in dem Bericht gesehen habe, besagt, dass der Club of Rome zufrieden wäre, wenn bis zum Jahr 2010 400 Millionen Menschen von der Erde verschwinden würden.

Peccei machte deutlich, dass neue wissenschaftliche Entdeckungen und neue Technologien als Mittel zur Steigerung des materiellen Fortschritts vom Club of Rome nicht erwünscht sind, der vorgibt, alleiniger Schiedsrichter der globalen Planung im Rahmen der NATO zu sein.

Dies natürlich, nachdem sie ein rebellisches Russland aufgenommen und unterworfen haben. Und ich sage noch einmal, dass das, was wir heute in der Welt sehen, eine Meinungsverschiedenheit zwischen Amerika und Russland ist. Peccei zog das künstlich geschaffene Ölembargo des arabisch-israelischen Krieges von 1973 als Warnung heran. Er sagte, dies habe "viele Menschen dazu gebracht, sich dem Denken des Club of Rome anzuschließen".

Sie war für viele Menschen der Einstieg, mit früheren Denkweisen zu brechen und die Ratschläge des Club of Rome viel ernster zu nehmen. Ich habe schon früher gesagt, dass diese Leute manchmal ihren Mund nicht halten können. Hier haben wir einen Mann, der offen zugibt, dass der arabisch-israelische Krieg von 1973 eine erfundene Situation einer vorgetäuschten Ölknappheit in der Welt war, und dadurch mehr Menschen davon überzeugt, dass kleiner besser und schöner ist und dass der industrielle Fortschritt gebremst werden muss.

Die Begründung des Club of Rome ist natürlich, dass das Ölembargo von 1973 vielen Menschen die Richtigkeit dieser Aussagen aus den Forrester-Meadows-Berichten vor Augen geführt hat. In der Zeit von 1973-74 nahm der Einfluss des Club of Rome auf die Politik vieler Regierungen dramatisch zu.

Königin Juliana der Niederlande ordnete eine Ausstellung der Ideen des Club of Rome im Zentrum von Rotterdam an. Bald darauf hielt der Club Treffen mit dem französischen Finanzminister ab und richtete die so genannte *"Recontless International"* ein, um die Auswirkungen des Berichts des Club of Rome zu diskutieren.

KAPITEL 13

DÜSTERE VORHERSAGEN

1972 wurde Peccei vom Europarat eingeladen, vor einer Sondersitzung der europäischen Parlamentarier ein Papier mit dem Titel "Die Grenzen des Wachstums in der Perspektive" zu präsentieren.

Dank der Arbeit von Peccei und dem österreichischen Bundeskanzler Bruno Krysky - einem sozialdemokratischen Freund von Willy Brandt - trafen sich Anfang 1974 zehn Mitglieder des Club of Rome zu einem privaten Treffen mit mehreren Staatsoberhäuptern, darunter der ehemalige kanadische Premierminister Pierre Trudeaux, der ehemalige niederländische Ministerpräsident Joop Den Uyl, der ehemalige Schweizer Bundespräsident Nello Tiello, die Vertreter von Algerien und Pakistan usw. Nach den Worten von Peccei wurde die Saat des Zweifels gesät.

Der Forrester-Meadows-Bericht löste auch eine breite Opposition von Industriellen und anderen Personen aus, die erkannten, dass die Politik des Nullwachstums niemals zu den Vereinigten Staaten von Amerika passen würde. Infolge dieser Erkenntnis versuchte der Club, eine Gegenbewegung unter der Leitung von M. Misarovick und Edward Pestell zu gewinnen, die erklärten, das Ziel des Club of Rome sei die Programmierung organischen Wachstums:

"Die Welt hat ein Krebsgeschwür, und das Krebsgeschwür ist der Mensch", sagte Pestell.

Dann rief der AdR zur Entwicklung eines Masterplans auf, der zur Schaffung einer neuen Menschheit führen sollte, mit anderen Worten, zu einer Neuen Weltordnung, die von diesen Menschen geführt werden sollte.

Der Club of Rome sollte in mehrere Länder der Dritten Welt einziehen, darunter Iran, Ägypten und Venezuela, Mexiko und Algerien, die eingeladen wurden, ihm beizutreten, was sie jedoch ablehnten.

Ein Entwurf des Instituts für Ausbildung und Forschung der Vereinten Nationen mit dem Titel *"Projekte der Zukunft"* von Irvin Lazlow, Mitglied des Club of Rome, war lediglich eine bittere Anprangerung des industriellen Wachstums und der städtischen Zivilisation. Er prangerte die gegenwärtige Politik der Industrialisierung in den Vereinigten Staaten von Amerika an. Er prangerte die Mittelschicht an und forderte, wie schon Lenin vor ihm, die totale Zerstörung der amerikanischen Mittelschicht, dieser einzigartigen Institution, dieses Organismus, der die Vereinigten Staaten davor bewahrt, den Weg des griechischen und römischen Reiches zu gehen.

Lazlow wurde dabei von den bezahlten Mitarbeitern des COR, Cyrus Vance und Henry Kissinger, unterstützt. Viele der in dieser Monographie genannten Sozialdemokraten trafen sich regelmäßig mit Vance und Kissinger.

Wie ich bereits in einer früheren Arbeit erwähnt habe, sponserte der Club of Rome ein Projekt zur Neuschreibung des Buches Genesis, um das biblische Gebot zu ersetzen, dass der Mensch über die Natur herrschen soll.

Weitere Sympathisanten des Club of Rome waren Cyrus Vance und Jimmy Carter selbst sowie Sol Linowitz, Phillip Klutznick, William Ryan vom Jesuitenorden in Toronto und Peter Henriatt, ein Experte für Befreiungstheologie.

Diese Leute trafen sich alle unter der Schirmherrschaft des Club of Rome, um eine weltweite Kampagne des religiösen Fundamentalismus zu fördern, die genutzt werden könnte, um die Weltordnung und die bestehenden Regierungen zu untergraben, wenn die Zeit reif ist, und dieser Plan ist noch in Arbeit. Er ist zwar teilweise vorhanden, aber noch nicht vollständig ausgearbeitet.

Ich möchte auf die Frage der Kernenergie zurückkommen. Es gibt einen enormen Druck gegen die Kernenergie - und wir haben Maßnahmen an allen Fronten erlebt: juristisch, wirtschaftlich, sozial und politisch. Nach Untersuchungen der westdeutschen Universität Arken über die Auswirkungen von Kernwaffen würde bei der Zündung von nur 10% der Kernwaffen der Supermächte eine erhebliche Menge an Cäsium-Isotopen entstehen, die im Lebensprozess in die Jodspur aufgenommen würden. Es könnte eine ausreichende Menge an radioaktivem Cäsium erzeugt werden, um alle davon betroffenen höheren Lebensformen auf der ganzen Welt zu töten.

Aber das ist natürlich nur ein weiteres reines Schauermärchen des Club of Rome, so wie auch die Angst vor einem thermonuklearen Krieg ein Schauermärchen ist, das von den Gehirnwäschern auf beiden Seiten des Atlantiks manipuliert wird.

Dahinter steht die Idee, den Namen "radioaktiv" in den Köpfen der Menschen in der Mehrheit der Weltbevölkerung zu einem Schreckenswort zu machen. Die Angst, die gegen die friedliche Nutzung der Kernenergie geschürt wurde, war sehr, sehr stark und hat erfolgreich eine Reihe von bedeutenden Bauplänen untergraben und zahlreiche Kernkraftwerke, die in den nächsten zehn Jahren in den Vereinigten Staaten gebaut werden sollten, auf Eis gelegt.

Die einzige Gefahr, die manchen ehrlichen Menschen Alpträume bereitet, ist die Angst, dass entweder ein Kernkraftwerk von einer starken nuklearen Explosion getroffen wird oder dass ein gut ausgebildeter Anti-Atom-Fanatiker in das Kernkraftwerk eindringt und es in die Luft jagt, was natürlich eine sekundäre Explosion auslösen würde.

Ein Sabotageversuch an Kernkraftwerken, wie er in Three Mile Island eindeutig nachgewiesen wurde, dürfte jedoch nicht annähernd den Schaden anrichten, der durch die Detonation von Kernwaffen verursacht würde.

Zahlreiche vom Menschen verursachte Viren wie HIV und Ebola-Fieber, bei denen die Kernenergie keine Rolle spielt, bedrohen derzeit Menschenleben.

Die Studie, die sich auf Standardtechniken stützt, zeigt, dass selbst bei den konservativsten Schätzungen mehr als 1 Million Arbeitsplätze durch den Wegfall der bereits zum Bau verpflichteten und der Mitte 2008 bereits in Betrieb befindlichen Kernenergieanlagen verloren gingen. Dennoch ist in den Vereinigten Staaten kein einziger Mensch durch die kommerzielle Erzeugung von Kernspaltungsenergie ums Leben gekommen! Das ist richtig; kein einziger Mensch starb bei der so genannten "Nuklearkatastrophe" im Kraftwerk Three Mile Island, die kein Unfall war, sondern ein vorsätzlich geplanter Sabotageakt.

Im gleichen Zeitraum sind Millionen von Menschen an Aids gestorben, und weitere Millionen werden dank der Völkermordpläne von Global 2000 sterben. Über 50.000 Menschen sterben **jedes Jahr** auf den Straßen Amerikas bei Autounfällen, aber bis jetzt, in mehr als vier Jahrzehnten, haben die Atomkraftwerke in den Vereinigten Staaten nicht einen einzigen Menschen getötet!

Aber mehr als 100 Millionen Menschenleben sind durch die Anti-Atomkraft-Kräfte des Club of Rome und der NATO gefährdet, die diese Nation ständig mit einer Flut von Anti-Atomkraft-Propaganda einer Gehirnwäsche unterziehen.

Das Interessante daran ist Folgendes: Der menschliche Körper selbst produziert so viel Radioaktivität, dass prominente Physiker vor einigen Jahren vorschlugen, dass sich nicht mehr als zwei Personen gleichzeitig in einem Raum aufhalten dürfen. Und noch etwas: Eine Skitour in den Bergen oder ein Flug in einem Verkehrsflugzeug setzt einen Menschen weitaus mehr Radioaktivität aus, als wenn er sich ein Jahr lang an die Wand eines Atomkraftwerks lehnt.

Ein weiterer interessanter Punkt ist, dass ein Kohlekraftwerk pro Kilowatt mehr Radioaktivität in die Atmosphäre abgibt als ein Kernspaltungskraftwerk. Durch den Abbau von Uran zur Gewinnung von spaltbarem Brennstoff wird die Gesamtmenge an Radioaktivität, der man durch die natürlichen Folgen ausgesetzt ist, tatsächlich verringert.

Gegenwärtig schützen die bestehenden Programme zur Wiederaufbereitung und fraktionierten Abfallbeseitigung die Menschheit absolut vor jeglichem Risiko, vorausgesetzt natürlich, dass das Material innerhalb des Verbrennungs-Wiederaufbereitungskreislaufs gehalten wird. Und das kann man tun.

Daher haben die Anti-Atom-Fanatiker, die das Atomprogramm dieses Landes sabotiert haben, die Anhäufung radioaktiver Brennstoffabfälle zu Recht angeprangert. Mit der Inbetriebnahme von Brutreaktoren kann der Anteil der unbehandelten Abfälle, der unter fünf Prozent liegt, noch weiter reduziert werden. Mit Hilfe der Teilchenstrahlprogramme, die von dem genialen Dr. Edward Teller erfunden und eingerichtet wurden, können beschleunigte Neutronenstrahlen auf unerwünschte Abfälle angewandt werden, die dann durch kontrollierten Neutronenbeschuss vollständig neutralisiert werden können. Dies wurde bereits getan und kann getan werden, ist durchaus praktikabel und sicherlich nicht kostspielig.

Seit den 1970er Jahren hat der Club of Rome einen gewaltigen Krieg gegen die Kernenergieprogramme in diesem Land geführt, die er entweder durch die Ängste der Umweltschützer oder durch den Entzug der Finanzierung für diese Anlagen oder eine Kombination aus beidem gänzlich zunichte gemacht hat. All dies hat unter dem Strich dazu geführt, dass die Kosten für den Bau der Kernkraftwerke und natürlich auch die Kosten für die Energieerzeugung aus diesen Anlagen um Milliarden von Dollar in die Höhe getrieben wurden.

Ein Kernkraftwerk ist normalerweise innerhalb von vier Jahren fertig zu stellen, aber wenn sich die Bauzeit verdoppelt - wie es in Amerika aufgrund des Widerstands von Umweltschützern, lokalen und bundesstaatlichen Behörden geschehen ist -, lassen die Bau- und Finanzierungskosten den Endpreis des Kraftwerks in die Höhe schnellen.

Diese kostspieligen Verzögerungstaktiken in Verbindung mit den hohen Zinssätzen der Club of Rome-Banker, die einem regelrechten Wucher gleichkommen, haben den Bau von Kernkraftwerken in den USA praktisch zum Erliegen gebracht. 2008 ist es angesichts der steigenden Rohölpreise umso wichtiger, dass Kernkraftwerke gebaut werden.

Antinukleare Kraftwerke sind wohl eine der großen Erfolgsgeschichten des Club of Rome. Wäre dies nicht der Fall, hätten wir bereits enorme Fortschritte bei der Industrialisierung Amerikas gemacht, und ich bin überzeugt, dass die Arbeitslosigkeit der Vergangenheit angehören würde.

Gegenwärtig, Mitte 2008, sind etwa 15 Millionen Amerikaner arbeitslos, so die Regierung. Mit Kernkraftwerken in voller Produktion wäre das nicht so. Kernbrennstoff hat die niedrigsten Kosten pro Kilowatt von allen Brennstoffen, die es auf der Welt gibt, jetzt und zu jeder Zeit.

KAPITEL 14

BEGRENZUNG DER KERNENERGIE

Die Fusionstechnologie ist die einzige ökologisch vertretbare neue Energiequelle, die benötigt wird, wenn - und das ist sehr wichtig - die Vereinigten Staaten weiterhin eine gesunde Wirtschaft und eine wachsende industrielle Basis haben wollen, die Vollbeschäftigung für ihren großen Pool an qualifizierten Arbeitskräften bietet. Ohne eine gesunde Wirtschaft und ohne eine wachsende industrielle Basis können die Vereinigten Staaten keine Weltmacht bleiben oder auch nur ihre derzeitige wackelige Position im Gefüge der weltweiten militärischen Machtverhältnisse aufrechterhalten. Wenn es uns gelänge, die Pläne des Club of Rome zu vereiteln, wären drei Bereiche von unmittelbarem Nutzen für das Land als Ganzes:

> ➢ Es käme zu einer enormen Entwicklung unserer wirtschaftlichen Infrastruktur, die den größten Wirtschaftsboom auslösen würde, den die Vereinigten Staaten je erlebt haben.

> ➢ Sie würde Beschäftigungsmöglichkeiten schaffen und, so wage ich zu behaupten, die gesamte Arbeitslosigkeit in den USA auslöschen.

> ➢ Es würde die Gewinne der Investoren erhöhen. Es würde auch die Energieproduktion in Amerika senken und weniger kostspielig machen, und das würde die Wirtschaft keinen einzigen zusätzlichen Penny kosten. Stellen Sie sich die Vorteile vor, wenn Sie kein saudisches Öl importieren müssten. Unsere Zahlungsbilanzsituation würde sich sprunghaft

verbessern. In sechs Monaten werden sich unsere Wirtschaft und unser Arbeitsmarkt auf verblüffende Weise gewandelt haben.

All dies würde ohne Steuererhöhungen möglich sein. Die Technologie ist vorhanden und der Wille ist da - was der nationalen Entwicklung im Wege steht, ist der Club of Rome mit seiner orchestrierten Politik des Widerstands gegen die Kernenergie.

Es liegt also an uns, die Botschaft zu verbreiten, dass die Kernenergie nicht böse, sondern gut ist. Wenn wir im Kongress Vertreter hätten, die die Vereinigten Staaten an die erste Stelle setzen würden und nicht ihre eigenen Interessen, könnte ein Kernenergieprogramm gestartet werden, das einen neuen Boom bei den Investitionen in Hochtechnologie mit Millionen von Dollar und Hunderttausenden von neuen Arbeitsplätzen mit sich bringen würde.

Es würden neue Industrien entstehen, die Arbeitslosigkeit würde verschwinden, der Lebensstandard in diesem Land würde ins Unermessliche steigen und unsere industrielle und wirtschaftliche Basis würde den Anreiz bieten, uns zur stärksten Militärmacht der Welt zu machen.

Wir müssten uns nie wieder vor einem Angriff einer ausländischen Macht fürchten und würden nie wieder die Zyklen von Wohlstand und Depression erleben, die den Vereinigten Staaten von den Federal Reserve Banken aufgezwungen wurden.

Dies steht natürlich in diametralem Gegensatz zur Politik des Club of Rome. Wir befinden uns also in einem Kampf um unsere Zukunft, um unser Leben, um unsere Kinder und um die Sicherheit dieses großen Landes, der letzten Bastion der Freiheit in der Welt. Was hat zu unserer derzeitigen Rezession geführt? Und lassen Sie sich von den Statistiken der Regierung nicht täuschen, wir befinden uns in einer tiefen Rezession.

Was hat uns in diese missliche Lage gebracht? Sind die natürlichen Ressourcen dieses Landes zusammengebrochen? Sicherlich muss der Großteil der Bevölkerung inzwischen erkennen, dass Ereignisse nicht einfach passieren, sondern durch sorgfältige Planung herbeigeführt werden. Die Hauptursache für die Krankheit, die Amerika heimsucht, ist das Versäumnis der aufeinanderfolgenden Regierungen, die auf Präsident Roosevelt folgten, darauf zu bestehen, dass Großbritannien die Vereinigten Staaten als separates, unabhängiges und souveränes Land behandelt, anstatt diesem Land über den Club of Rome und den Internationalen Währungsfonds den Willen des Komitees der 300 aufzuzwingen, wie sie es seit dem Sonderabkommen zwischen Winston Churchill und F. D. Roosevelt im Jahr 1938 getan haben.

Natürlich begann das "Sonderabkommen" schon lange vorher. Einige Leute haben mir geschrieben: "Sie müssen sich irren, denn Churchill war 1938 noch nicht einmal Premierminister von England".

Sicherlich, aber seit wann machen sich diese Leute Gedanken über Titel? Als der berüchtigte Balfour-Vertrag angenommen wurde, wandten sich diese Leute an den Premierminister von England, der angeblich die Kontrolle über Großbritannien hatte? Nein, sie reichten stattdessen ein langes Memorandum bei Lord Rothschild ein, und es war Lord Rothschild, der den endgültigen Entwurf des Vertrags verfasste, der Palästina an die Zionisten verschenkte, wozu Großbritannien kein Recht hatte, da es ihm nicht gehörte.

Das Gleiche geschah mit Roosevelt und Churchill. Churchill war 1938 nicht Premierminister, aber das hielt ihn nicht davon ab, im Namen der Leute zu verhandeln, die ihn mit Leib und Seele besaßen: das **Komitee der 300.** Churchill erhielt seine Ausbildung im Burenkrieg in Südafrika und war sein ganzes Leben lang Mitglied und Botschafter dieser elitären Gruppe.

Einige Hinweise auf die Art der britischen Strategie finden sich in dem am Ende des Zweiten Weltkriegs veröffentlichten Buch von Elliot Roosevelt, dem Sohn und Kriegsberater von Franklin Roosevelt, mit dem Titel *As I Saw It.*

Elliot Roosevelt dokumentierte die wichtigsten Punkte, in denen Franklin Roosevelt Churchill die Nachkriegspolitik der USA erläuterte. Natürlich hatte Churchill nicht die Absicht, sich daran zu halten; er wusste sehr wohl, dass das Komitee der 300, das Amerika regiert, die Macht hatte, Roosevelts Vorschläge zu untergraben.

Britische sozialistische Agenten des Wandels infiltrierten die Vereinigten Staaten reihenweise, darunter Walter Lippmann, der der oberste Propagandist bei Tavistock war. Lippman war es, der Lord John Maynard Keynes, den "wunderbaren" Wirtschaftswissenschaftler, dem ahnungslosen Amerika vorstellte, und es war die keynesianische Wirtschaftslehre, die die Wirtschaft der USA ruinierte.

Es war Keynes, der Systeme wie spezielle Ziehungsrituale, die "Multiplikator"-Theorie und andere grotesk unmoralische, böse, abscheuliche Ungerechtigkeiten einführte, die fast der gesamten Menschheit von der kleinen Minderheit, die die Welt regiert, aufgezwungen wurden. Und wir müssen erkennen, dass dies keine leere Phrase ist. Diese Leute regieren tatsächlich die Welt, und es ist sinnlos zu sagen: "... das ist Amerika, und wir haben eine Verfassung, und hier kann so etwas nicht passieren."

Die Verfassung der Vereinigten Staaten ist mit Füßen getreten und vollständig und gründlich untergraben worden, so dass sie heute fast keine Kraft und Wirkung mehr hat.

Rockefeller hat den Auslandshilfe-Betrug erfunden. Es ist die größte Abzocke, die die Welt je gesehen hat, abgesehen von den Federal Reserve Banken. Er macht die Nationen völlig abhängig von der Sozialhilfe, von Almosen aus den Vereinigten Staaten, die einen doppelten Zweck erfüllen:

> Sie hält diese Nationen dem Willen ihrer Herren im Council on Foreign Relations untertan.

> Sie besteuert den amerikanischen Steuerzahler über seine Leistungsfähigkeit hinaus und hält ihn so sehr damit beschäftigt, seinen Lebensunterhalt zu verdienen und sich über Wasser zu halten, dass er keine Zeit hat, sich umzuschauen, was sein Elend verursacht. Dieses System begann im Jahr 1946.

Kissinger führte den Hooliganismus in die Weltpolitik ein. Julius Klein vom OSS verschaffte Kissinger seinen Job bei der Armee als Fahrer von General Kramer. Kissinger hat sich in der Weltpolitik seit seiner Übernahme durch die Briten wie ein Hooligan verhalten und hat das amerikanische Image und die Öffentlichkeit teuer zu stehen kommen.

Es ist vor allem das Werk Kissingers, das die Qualen der hungernden Millionen in Afrika verursacht und die Nationen dazu gebracht hat, sich zu beugen und ihre souveräne Integrität aufzugeben.

Es ist erstaunlich und hätte vor drei oder vier Jahren niemals passieren können, aber es passiert gerade jetzt, direkt vor unserer Nase in Brasilien, Mexiko und Argentinien, wo der IWF, die illegale Organisation der Eine-Welt-Regierung, das uneheliche Kind des Club of Rome, die Nationen zwingt, das Knie zu beugen und ihre souveräne Integrität und ihre Rohstoffe abzugeben oder bankrott zu gehen.

Diese internationale Eine-Welt-Bank wurde gegründet, um jedes schwache Land auszurauben, zu berauben und seiner natürlichen Ressourcen zu berauben. Genau darum geht es beim IWF. Der IWF ist einer der Schlüsselfaktoren für die Fähigkeit des Club of Rome, so viele Nationen zu beherrschen.

Ich glaube nicht, dass ich besser informiert bin als die Senatoren und Kongressabgeordneten in Washington, und ich verdiene auch nicht annähernd so viel wie sie. Dennoch unterstützen diese so genannten Vertreter von "Wir, das Volk" die verfassungswidrige Finanzierung des räuberischen Internationalen Währungsfonds, der schließlich die Kredit- und Währungspolitik der Vereinigten Staaten übernehmen und damit die Menschen in einem Eine-Welt-Staat versklaven wird.

Unsere Repräsentanten - wenn *sie jemals unsere Repräsentanten waren - könnten* mit einem Federstrich Ordnung und Stabilität in die Vereinigten Staaten zurückbringen, wenn wir nur eine Handvoll Gesetzgeber hätten, die bereit wären, sich an die Verfassung zu halten. Wir könnten eine neue Industrialisierung dieses Landes einleiten, indem wir das Federal Reserve Board abschaffen, ein gerechtes Verteilungssystem beschließen und die Kernenergie einführen, nicht nur in diesem Land, sondern in allen Entwicklungsländern.

Ich glaube, wir würden eine Zeit der Utopie für diese Welt einleiten, wie wir sie noch nie zuvor gesehen haben. Das steht natürlich in völligem Gegensatz zu den Plänen des Club of Rome, nicht nur für dieses Land, sondern auch für den Rest der Welt.

Es gibt mehrere interessante Aspekte der Arbeit des Club of Rome, einer davon ist, wie ich bereits erwähnt habe, der Genozidplan Global 2000, der auf dem Bericht des Draper Fund Population Crisis Committee basiert und von General Maxwell Taylor und anderen Militärs unterstützt wird.

Denjenigen von Ihnen, die mich nach bestimmten Leuten im Militär gefragt haben, schlage ich vor, sie zu fragen, ob sie die Ergebnisse des Draper Fund Population Crisis Committee und den Bericht über den Völkermord von Global 2000 unterstützen.

Gen. Taylor geht von der lächerlichen Annahme aus, von der alle Malthusianer ausgehen, nämlich dass der Reichtum aus den natürlichen Ressourcen stammt. Gen. Taylor argumentiert, dass die Bevölkerung der Entwicklungsländer einen zu großen Teil der Rohstoffe verbraucht, die in den kommenden Jahrhunderten für die Elite benötigt werden.

KAPITEL 15

GLOBALBERICHT 2000

Deshalb, so das Argument, müssen wir jetzt handeln, um den Verbrauch so niedrig wie möglich zu halten, indem wir die Technologie abschalten und die Lebensmittel knapp halten.

Wir müssen bereit sein, die Bevölkerungen der Dritten Welt verhungern zu lassen, damit die Rohstoffe ihres Landes nicht von den eigenen Landsleuten absorbiert werden, sondern den Herrschern der Welt zur Verfügung stehen.

Das ist die Grundannahme des Global 2000 Reports und des Draper Fund Population Crisis Committee von General Maxwell Taylor. Es ist nicht überraschend, dass Robert McNamara an dieser Art von Überlegungen beteiligt war.

Schließlich wissen wir sehr gut, welche Rolle McNamara in Vietnam gespielt hat, und wir wissen vielleicht weniger gut, welche Rolle der Club of Rome bei der Formulierung einer Politik des Völkermords gespielt hat, die vom Pol Pot-Regime in Kambodscha durchgeführt wurde.

Dieses Komplott wurde in Kambodscha ausgebrütet und als Experiment in Gang gesetzt. Und glauben Sie nicht, dass dasselbe nicht auch in Amerika geschehen könnte; es kann und wird geschehen. Taylor und McNamara waren große Befürworter des Einsatzes der NATO außerhalb ihres Einsatzgebietes (Europa) und verstießen damit gegen ihre Charta, nur in Europa zu operieren.

Mit anderen Worten: Durch den Einsatz von NATO-Truppen werden widerspenstige Staaten unter Androhung einer Invasion gezwungen, ihre Wucherschulden beim IWF zu begleichen. Das ist die eigentliche Quintessenz der ganzen Sache, eine Drohung gegen zivilisiertes Verhalten.

Unsere Zivilisation und unser Erbe stehen auf dem Spiel; überliefert von den Solons von Athen und den ionischen Stadtrepubliken, so dass wir den Impuls zum Regieren, unsere christlichen Ideale und zwei der Merkmale des Christentums, die für dieses Ideal von zentraler Bedeutung sind, nachvollziehen können.

Wir müssen uns nach dem Buch Genesis richten: "Seid fruchtbar und mehret euch und füllet die Erde und machet sie euch untertan." Wir können das menschliche Leben vermehren und erhalten und es ausgezeichnet und viel besser machen, als es jetzt ist. Nicht für die wenigen, die die esoterischen Regeln und die geheimen Gesetze der Sekten und des Okkultismus kennen, sondern für die Mehrheit, die große Mehrheit, von der Christus sagte, dass er gekommen ist, um sie zu befreien, und wieder verwende ich dies streng in einem nicht-religiösen Kontext.

Wir müssen uns von den christlichen Grundsätzen leiten lassen, die uns Christus vorgelebt hat, indem er seinen Verstand vervollkommnet und seinen Glauben an Gott, den lebendigen Gott, zum Ausdruck gebracht hat, der das menschliche Leben immer als heilig behandeln wird.

Wir dürfen nicht zulassen, dass diese okkulten Schwarzmagier uns vorgaukeln, die Menschheit sei eine Masse von Menschen. Das ist eine Lüge. Die Menschheit ist keine Masse; der Gedanke, dass jeder von uns ein Individuum ist, wird schon durch die Tatsache deutlich, dass wir individuelle Fingerabdrücke haben.

Auf der ganzen Welt gibt es keine zwei gleichen Fingerabdrücke. Wir sind also keine Masse von Menschen, sondern Individuen.

Wir müssen technologische Informationen sammeln und sie sinnvoll nutzen, bevor der Club of Rome uns zu einer plappernden Truppe von leicht zu verwaltenden Untermenschen degradiert, die völlig von ihm abhängig sind, wenn es um Almosen und um unsere Existenz geht, die sehr dürftig zu sein verspricht.

Jedes Staatsoberhaupt, das den Kult um die malthusianische Politik des Club of Rome akzeptiert, die, vereinfacht ausgedrückt, bedeutet, dass nur einige wenige auf Kosten der vielen profitieren müssen, hat sich und sein Volk zu tausend Jahren Sklaverei verdammt.

Unter malthusianischen Zwängen kann keine Nation expandieren oder wachsen, weil sie sonst die natürlichen Ressourcen verbraucht, die laut dem Club of Rome den Wenigen, der herrschenden Klasse, gehören. Eine solche Nation ist dem Untergang geweiht, weil die bösen Einflüsse, die einer solchen Politik folgen, im Tageslicht nicht überleben können.

Dies ist der Grund für die so genannten "Konditionalitäten", die der IWF Brasilien und Mexiko auferlegt hat. Der IWF will eigentlich, dass diese Länder arm bleiben.

Deshalb macht er die Bedingungen für Kredite so unmöglich einzuhalten, dass sich die Nationen allein bei dem Versuch, die Zinsen zurückzuzahlen, verausgaben. Dadurch liefern sie sich mit Leib und Seele dem Diktat und der Kontrolle des IWF aus, der, wie ich bereits sagte, der finanzielle Arm des Club of Rome ist. Wir dürfen nicht tatenlos zusehen, wie diese Dinge geschehen.

Der Club of Rome ist sich voll und ganz bewusst, auch wenn unsere Leute es nicht sind, dass jedes erfolgreiche Industrieland des 19. Jahrhunderts, mit Ausnahme Großbritanniens, durch das amerikanische System der politischen Ökonomie motiviert wurde, und dennoch wird dies heute an keiner Universität in

Amerika gelehrt. Sie haben Angst, es zu lehren.

Der Sozialist Professor Laski von der Fabian Society hat es verboten. Aber wir sehen es vor unseren Augen - nur in Japan wird das amerikanische System noch erfolgreich angewendet. Daraus erklärt sich die scheinbare Überlegenheit der japanischen Wirtschaft gegenüber der amerikanischen. Wir waren gezwungen, unser eigenes amerikanisches System der politischen Ökonomie zugunsten der Idee des Schwarzen Adels aufzugeben, wie die Dinge geführt werden sollten, d.h. den Weltsozialismus in Aktion.

Aber Japan hat sich gewehrt. Die Leistung der japanischen Wirtschaft ist der Beweis dafür, dass das amerikanische System funktioniert, wenn man ihm eine Chance gibt. Aber die USA haben dieses Krebsgeschwür in ihrer Gesellschaft, das sich Club of Rome nennt und das die Regierung blockiert, unsere Gesetzgebung blockiert, den Fortschritt im Bereich der Kernenergie blockiert, unsere Stahlwerke, unsere Autoindustrie und unsere Wohnungswirtschaft zerstört, während die Japaner vorankommen. Natürlich steht auch ihnen ein großer Rückschlag bevor, und sobald der Club of Rome sich stark genug fühlt, wird er sich den Japanern zuwenden, die das gleiche Schicksal erleiden werden.

Wir dürfen dies nicht zulassen. Wir müssen dafür kämpfen, dass Amerika eine zivilisierte Industrienation bleibt. Wir müssen Führer finden, die wieder der Politik George Washingtons folgen und, was die politische Ökonomie anbelangt, Leute wie Keynes, Laski, Kissinger und die Bush-Familie hinauswerfen, die dieses Land an den Rand des Ruins gebracht haben, der so gut wie erreicht ist... Ja! Wir stehen am Vorabend der Zerstörung."

Die Geschichte lehrt, dass das Christentum als institutionelle Kraft im Widerstand gegen die Mächte der Finsternis entstanden ist. Christus sagte,

"Ich bin gekommen, um euch Licht und Freiheit zu geben."

Er sprach zu den Menschen, die damals von der elitären Minderheit als der Abschaum der Welt betrachtet wurden.

KAPITEL 16

DER SCHWARZE ADEL

Das Christentum hat die mächtigste Form der Zivilisation in Sachen Staatspolitik und Kultur hervorgebracht, weshalb der Club of Rome so erbittert gegen die christliche Lehre vorgeht. Soweit ich weiß, wurde der letzte Versuch, einen einheitlichen Staat der westlichen Christenheit zu schaffen, um 1268 n. Chr. von den von den Venezianern geführten Schwarzen Welfen niedergeschlagen, die die mit dem großen italienischen Dichter Dante Alighieri verbundenen Kräfte besiegten.

In Europa wurden viele Versuche unternommen, eine neue Art von Staat zu schaffen. Die souveräne nationalstaatliche Republik basiert auf dem gemeinsamen Gebrauch einer gemeinsamen Sprache, die die damals vorherrschenden Dialekte ersetzt. Dantes Entwurf war gut und hielt sich sehr gut, bis er besiegt wurde, was, wie wir wissen, ein direktes Ergebnis der Zerschlagung der republikanischen Kräfte in England durch die Errichtung der britischen Monarchie 1603 unter der Leitung der venezianischen Marionette James I. war.

Wir wissen, dass deshalb alles unternommen wurde, um diese neue Form des nationalstaatlichen Republikanismus zu zerschlagen. Dieser Krieg dauert auch heute noch an. Der amerikanische Unabhängigkeitskrieg ist nie zu Ende gegangen. Er ist seit 1776 eine andauernde "Schlacht", und seitdem hat Amerika zwei große Schlachten verloren:

Im Jahr 1913 wurden wir durch zwei Akte der Bundesregierung besiegt: die Einführung einer gestaffelten Einkommenssteuer -

eine marxistische Doktrin - und die Einführung der Federal Reserve Banks, eines privaten Bankenmonopols.

Aber schon vorher wurden der amerikanischen Republik durch die Verabschiedung des "specie resumption act" in den Jahren 1876-1879 schreckliche Schläge versetzt, als die Vereinigten Staaten ihre Souveränität über ihre nationale Kreditwährungs- und Schuldenpolitik aufgaben und die Währungspolitik der jungen Republik der Gnade der internationalen Goldhändler in London auslieferten. Die interne Macht über unsere Währungsangelegenheiten lag danach zunehmend in den Händen der mächtigen Agenten der britischen und schweizerischen Bankiers über August Belmont, einen Verwandten der Rothschilds, die ihn in die USA schickten, um ihre Interessen zu vertreten, und die J.P. Morgan-Dynastie.

Obwohl das Londoner Goldbörsensystem zwischen dem Ersten und dem Zweiten Weltkrieg in mehreren Phasen zusammenbrach, errichtete der anglo-schweizerische venezianische Fondi, d.h. die Leute mit dem Geld, mit dem Bretton-Woods-Abkommen, dem Schwindel des Jahrhunderts, praktisch eine Diktatur über die Währungsangelegenheiten der Welt.

Die Vereinigten Staaten haben die Macht, all diese Ketten zu zerstören, die ihr Volk fesseln; sie können es, und sie könnten es, wenn wir nur Gesetzgeber wählen würden, die ihr Land über ihre eigenen persönlichen Interessen stellen und sich daran machen würden, diese Monstrosität des Sozialismus zu zerstören, die uns an der Gurgel hat und die wir jetzt den Club of Rome nennen.

Mehrere Leute haben mich gefragt: "Wenn das, was Sie sagen, wahr ist, warum lehren unsere Universitäten und Schulen dann nicht die Art von Wirtschaft, von der Sie sprechen?"

Ich möchte darauf hinweisen, dass die jahrhundertelange Diktatur Londons und der Schweizer Bankiers über das

Währungssystem und die Angelegenheiten der Welt der absolute Hauptgrund dafür ist, dass keine Wirtschaftsfakultät oder -schule an einer US-Universität richtige Wirtschaftswissenschaften lehrt oder das bimetallische Währungssystem aufrechterhält, auf dem unsere Republik, die Vereinigten Staaten von Amerika, basiert und das die Vereinigten Staaten zum reichsten und bestgeführten Land der Welt gemacht hat.

Wenn echte Wirtschaft gelehrt würde, wäre der Sozialismus zum Fenster hinausgeworfen. Die Schüler würden genau sehen, was in diesem Land falsch läuft, und sich auf die Suche nach den Schuldigen machen.

Solange wir als Nation die rechtswidrige Untergrabung unserer Souveränität durch politische und wirtschaftliche Entscheidungen zulassen und uns supranationalen Währungsinstitutionen wie dem IWF und der Bank für Internationalen Zahlungsausgleich unterordnen, solange die amerikanische Anwaltskammer, "unsere" Anwälte, "unsere" Regierung, "unsere" Kongressabgeordneten und "unsere" Privatwirtschaft diesen subversiven Währungsagenturen, diesen supranationalen Finanzinstitutionen, weiterhin Gefallen tun, solange wird unser Land in den Ruin getrieben werden.

Wir sollten es keiner supranationalen Institution recht machen und uns nicht an die Regeln halten müssen, die sie uns diktieren wollen. Erst kürzlich haben wir wieder gesehen, wie der Kongress dem üblen Plan zugestimmt hat, dieses verabscheuungswürdige, von Laski-Keynes und Sozialisten inspirierte Institut namens Internationaler Währungsfonds zu retten.

Wir müssen unseren Bürgern genau erklären, was es mit dem IWF und dem Club of Rome auf sich hat. Wirtschaft ist eigentlich kein allzu kompliziertes Thema. Wenn man die Prinzipien einmal verstanden hat, ist es ziemlich einfach zu verstehen. Ich möchte Ihnen nur einige Beispiele dafür geben, wie wir uns selbst verraten haben, indem wir das Diktat der sozialistischen internationalen supranationalen Organisationen zugelassen haben, die sich wie ein Krebsgeschwür über unsere Nation gelegt haben.

Nehmen wir die Zeit unmittelbar nach dem Zweiten Weltkrieg: Etwa 62% unserer nationalen Arbeitskräfte waren entweder in der Produktion von Sachgütern oder im Transport dieser Güter beschäftigt. Wenn wir heute die offiziellen Statistiken heranziehen - die im besten Fall sehr unzuverlässig sind -, dann sind weniger als 30% unserer Arbeitskräfte auf diesem Niveau beschäftigt. Die Arbeitslosigkeit liegt bei etwa 20%. Die Verschiebung in der Zusammensetzung der Beschäftigung der nationalen Erwerbsbevölkerung ist die eigentliche Ursache der Inflation. Darin liegt das Hauptproblem.

Betrachtet man die Geschichte, vor allem die der 1870er Jahre, so stellt man eine allgemeine Senkung der Produktionskosten fest, einen deflationären Zyklus im Fortschritt der Wohlstandsproduktion, der vor allem durch den Einfluss des amerikanischen Systems der politischen Ökonomie verursacht wurde, das den technischen Fortschritt in Form von industriellem Fortschritt und die Steigerung der landwirtschaftlichen Produktivität förderte. Doch seit der Übernahme der Weltwährungsgeschäfte durch das Londoner Goldwechselsystem in den Händen einiger weniger in den 1880er Jahren folgten schreckliche Depressionen in rascher Folge, und dazwischen gab es lange Inflationsspiralen.

Dies ist ein direktes Produkt der malthusianischen Kräfte, die diese Welt beherrschen und die mit den Lehren von John Stewart Mill, Harold Laski und John Maynard Keynes verbunden sind. Die Politik der so genannten wirtschaftlichen Freiheit des Marktes bewirkt nichts anderes, als die spekulativen Investitionen in fiktive Rentenkapitalisierungen und Formen des Wuchers auf Kosten von Investitionen in echte Technologie und echte fortschrittliche Produktion von realen und greifbaren Gütern zu steigern.

DER KLUB VON ROM

Deshalb sage ich allen meinen Freunden: "Haltet euch vom Aktienmarkt fern." Die Börse ist ein fiktiver Bereich für spekulative Investitionen, und es ist kein Bereich, in dem Geld in den technologischen Fortschritt für die Produktion von materiellen Gütern in einer fortschrittlichen und geordneten Weise investiert wird.

Deshalb muss der Aktienmarkt zusammenbrechen. Er kann nicht ewig gestützt werden und sich nicht ewig halten. Es ist eine Blase aus heißer Luft, die platzen wird, und wenn das passiert, werden viele verletzt werden.

Der Trick besteht darin, die Menschen jetzt zum Zuhören zu bewegen, bevor es passiert. Auf Geheiß des Club of Rome hat sich der Kreditfluss weg von der Güterproduktion und der landwirtschaftlichen Produktion hin zu nicht güterproduzierenden Formen der Finanzinvestition verlagert. Dies hat natürlich enorme Probleme für das Land geschaffen.

Die Verschiebung in der Zusammensetzung der Finanzströme und der Beschäftigung war die Ursache sowohl für die periodischen großen Depressionen als auch für die langfristigen Inflationsbewegungen, die sich in unserem heutigen Wirtschaftssystem entwickelt haben. Ich hatte nicht die Absicht, dies in eine Darstellung wirtschaftlicher Fakten zu verwandeln, aber manchmal ist es notwendig, uns auf diese Dinge aufmerksam zu machen. Es gibt eine böse Macht, die heute in Amerika am Werk ist, und sie heißt Sozialismus, in dessen Namen der Club of Rome handelt.

Es ist ein Gremium, das sich der Zerstörung der Vereinigten Staaten von Amerika, wie wir sie kennen, verschrieben hat. Es ist ein Gremium, das sich der Einführung einer neuen Weltordnung verschrieben hat, in der die sogenannten Privilegierten, das **Komitee der 300,** regieren werden.

Unser Schicksal wird mit Sicherheit entschieden werden, wenn wir nicht Männer guten Willens zusammenbringen und eine Änderung der Politik unserer Regierung erzwingen können. Dies kann nur geschehen, indem wir mit dem Haus aufräumen, den Augiasstall säubern und Geheimorganisationen wie den Club of Rome loswerden, so dass sie nicht länger in der Lage sind, den Lauf der Dinge zu diktieren und die Zukunft dieses großartigen Landes zu kontrollieren. Solange wir das nicht tun, sind wir auf dem Weg in die Sklaverei einer Eine-Welt-Regierung/Neue Weltordnung.

Andere Titel

DIE ÖLKRIEGE
VON JOHN COLEMAN

Die historische Erzählung der Ölindustrie führt uns in die Windungen der "Diplomatie".

Der Kampf um die Monopolisierung der von allen Nationen begehrten Ressource

Der DROGENKRIEG gegen AMERIKA
VON JOHN COLEMAN

Der Drogenhandel kann nicht ausgerottet werden, weil seine Direktoren nicht zulassen werden, dass ihnen der lukrativste Markt der Welt weggenommen wird...

Die eigentlichen Förderer dieses verfluchten Geschäfts sind die "Eliten" dieser Welt

DIE DIKTATUR der SOZIALISTISCHEN WELTORDNUNG
VON JOHN COLEMAN

In all diesen Jahren, während unsere Aufmerksamkeit auf die Untaten des Kommunismus in Moskau gerichtet war, waren die Sozialisten in Washington damit beschäftigt, Amerika auszurauben!

"Der Feind in Washington ist mehr zu fürchten als der Feind in Moskau".

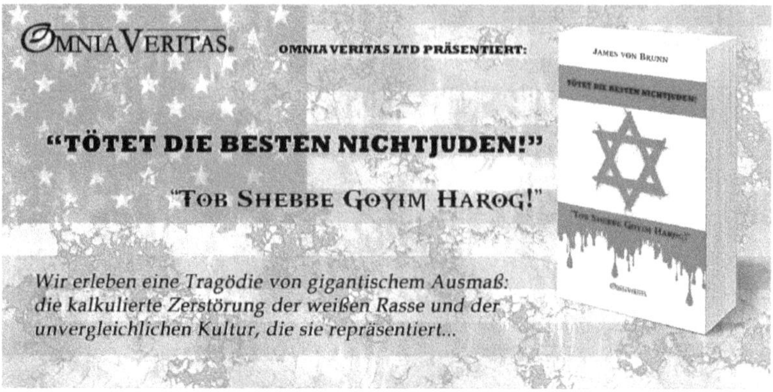
OMNIA VERITAS
OMNIA VERITAS LTD PRÄSENTIERT:
"TÖTET DIE BESTEN NICHTJUDEN!"
"TOB SHEBBE GOYIM HAROG!"
Wir erleben eine Tragödie von gigantischem Ausmaß: die kalkulierte Zerstörung der weißen Rasse und der unvergleichlichen Kultur, die sie repräsentiert...
JAMES VON BRUNN

OMNIA VERITAS
OMNIA VERITAS LTD PRÄSENTIERT:
DIE ENTEIGNETE MEHRHEIT
DAS TRAGISCHE UND DEMÜTIGENDE SCHICKSAL DER AMERIKANISCHEN MEHRHEIT

OMNIA VERITAS
OMNIA VERITAS LTD PRÄSENTIERT
Wenn es ein Buch gibt, das den Kern all der Umwälzungen in der Welt auf den Punkt bringt, und was wir tun müssen, um sie zu stoppen, dann ist es dieses.
ROTE PANDEMIE
DER GLOBALE MARXISTISCHE KULT
Das entscheidende Thema in der heutigen Welt ist die marxistische Indoktrination

OMNIA VERITAS
Omnia Veritas Ltd präsentiert:
EUSTACE MULLINS
INJEKTIONSMORD
GEHEIMES NETZWERK DES MEDIZINKARTELLS ENTHÜLLT

OMNIA VERITAS
OMNIA VERITAS LTD PRÄSENTIERT:
Durch die gesamte Geschichte der Zivilisation hindurch hat sich ein bestimmtes Problem für die Menschheit als konstant erwiesen
NEUE GESCHICHTE DER JUDEN
VON
EUSTACE MULLINS
Ein einziges Volk irritierte die Nationen, die es in allen Teilen der zivilisierten Welt willkommen geheißen hatten

OMNIA VERITAS
EUSTACE MULLINS
DER FLUCH VON KANAAN
Eine Dämonologie der Geschichte
Die große Bewegung der modernen Geschichte bestand darin, die Anwesenheit des Bösen auf der Erde zu verbergen

OMNIA VERITAS LTD PRÄSENTIERT:

DIE WALL$TREET TRILOGIE VON ANTONY SUTTON

"Professor Sutton wird für seine Trilogie in Erinnerung bleiben: Wall St. und die bolschewistische Revolution, Wall St. und FDR und Wall St. und der Aufstieg Hitlers."

Diese Trilogie beschreibt den Einfluss der Finanzmacht bei drei Schlüsselereignissen der jüngeren Geschichte

Omnia Veritas Ltd präsentiert:

HINTER DER GRÜNEN MASKE
DIE AGENDA 21 ENTLARVT   ROSA KOIRE

Es gibt einen Plan für die Weltherrschaft, der in Kraft ist und der wie ein metastasierender Krebs an jeder Nation auf der Welt nagt....

Omnia Veritas Ltd präsentiert:

DIE WERKE VON PAUL RASSINIER

Das drama der juden europas & Die jahrhundert-provokation

Es wäre die Gnade, dass die historische Wahrheit früh genug, weit genug und stark genug ausbricht, um den gegenwärtigen Verlauf der Ereignisse umzukehren.

Ich habe keine Historiker gefunden - zumindest diejenigen, die diesen Namen verdient hätten

www.ingramcontent.com/pod-product-compliance
Lightning Source LLC
Chambersburg PA
CBHW070255290326
41930CB00041B/2536